성공의 바람을 일으키는

셀프 소통
이미지 경영

성공의 바람을 일으키는 셀프 소통 이미지 경영

발행일   2016년 01월 08일

지은이   임 수 희
펴낸이   손 형 국
펴낸곳   (주)북랩
편집인   선일영   편집   김향인, 서대종, 권유선, 김성신
디자인   이현수, 신혜림, 윤미리내, 임혜수   제작   박기성, 황동현, 구성우
마케팅   김회란, 박진관, 김아름

출판등록   2004. 12. 1(제2012-000051호)
주소   서울시 금천구 가산디지털 1로 168, 우림라이온스밸리 B동 B113, 114호
홈페이지   www.book.co.kr
전화번호   (02)2026-5777   팩스   (02)2026-5747

ISBN   979-11-5585-867-7 03320(종이책)   979-11-5585-868-4 05320(전자책)

이 도서의 국립중앙도서관 출판예정도서목록(CIP)은 서지정보유통지원시스템 홈페이지(http://seoji.nl.go.kr)와
국가자료공동목록시스템(http://www.nl.go.kr/kolisnet)에서 이용하실 수 있습니다.
(CIP제어번호 : CIP2016000337)

성공한 사람들은 예외없이 기개가 남다르다고 합니다.
어려움에도 꺾이지 않던 당신의 의기를 책에 담아보지 않으시렵니까?
책으로 펴내고 싶은 원고를 메일(book@book.co.kr)로 보내주세요.
성공출판의 파트너 북랩이 함께하겠습니다.

"

나
제대로
알기

성공의 바람을 일으키는

셀프 소통
이미지 경영

나
비우기

나
받아들이기

나
채우기

한국HRD대상 명강사
임수희 지음

나답게
소통하기

"

북랩 book Lab

우리는 왜 셀프 소통을 통한 이미지경영을 해야 하는가?

우리는 살아가면서 왜 도덕성을 갖추어야 할까요? 대개는 다른 사람들과 더불어 살아가기 위해 도덕성이 필요하다고 말합니다. 그런데 타인을 위해서 도덕성을 갖추어야 한다고 말하면 사람들은 알면서도 대부분 반감을 가집니다. 우리가 도덕적으로 살아가야 하는 이유는 자신을 위해서여야 합니다. 부끄럽지 않고 당당하며 도덕적으로 의미 있는 자신을 위해서 말입니다.

그렇다면 우리는 왜 자신의 이미지를 관리해야 할까요? 타인을 위해서일까요? 물론 원만한 인간관계를 위해서 이미지 관리는 필요합니다. 그러나 더 큰 이유는 의미 있는 존재감의 자신을 만들기 위해서입니다. 자신이 의미 있는 존재감일 때 타인과의 소통도 더욱 의미 있어지는 것입니다. 우리가 흔히 알고 있는 '이미지 관리', 또는 '이미지 메이킹' 하면 무엇을 떠올리시나요?

화장하고, 헤어스타일을 바꾸고 복장을 달리 입는 것으로만 단순하게 알거나 생각하시는 분들이 아직은 많습니다. 맞습니다. 그것도 이미지 메이킹 요소 중 외적 이미지 관리에 포함되기도 합니다.

그러나 대한민국 이미지 메이킹 박사 1호 김경호 교수님은 이미지 메이킹이란 개인이 추구하는 목표를 이루기 위해 자기 이미지를 통합적으로 관리하는 행위이며, 자기 향상을 위한 개인의 노력을 통칭하는 것이라 정의하였습니다.

이미지 메이킹은 단순히 사람의 겉모습만 꾸미는 작업이 아닙니다. 따라서 이 책에서는 외적 이미지 요소 관리의 이미지 메이킹을 뛰어넘어 개인이 원하는 목표를 이루기 위하여 자신의 행동 방향을 먼저 잡고 거기에 걸맞은 자신의 이미지를 올바르게 형성시켜 관리하면서 노력하는 그리하여 스스로 행복한 삶에 맞는 자기 이미지를 구축해가는 자기이미지경영방법에 대해 설명할 것입니다.

행복한 삶을 살기 위해 행복해지기 위한 방법만을 익힐 것이 아니라 먼저, 행복함을 추구하고자 하는 나 자신은 누구이며 무엇을 원하고 이 세상 속에서 어떻게 소통하기를 원하는지 알아야 합니다. 또한, 타인과의 원만한 관계를 위해서도 타인에 대해서만 알아보기 이전에 나 자신에 대해 정확하게 알고 부끄럼 없이 나답게 행동할 때 타인에게 오해의 비호감이 아닌 호감의 이미지를 바로 전달할 수 있습니다.

우리는 자신을 관리하거나 돌아볼 시간도 없이 타인을 위해서 살아가고 있습니다. 자기관리도 안 되면서 어떻게 타인을 관리하고 원만한 관계 유지가 가능할까요? 온 세상을 구한다 해도 나 자신을 구하지 못한다면 무슨 의미가 있겠습니까? 이 책을 통해 나는 누구이며 무엇을 좋아하며 무엇을 원하고 있는지 제대로 알게 될 것입니다.

우리는 충분히 가치 있는 존재임에도 불구하고 대부분은

그것을 망각하고 늘 긴장하고 초조함 속에서 존재감 없는 존재로 살아가고 있습니다. 나 자신에 대해 제대로 알게 될 때 나답게 일할 수 있고 나답게 소통하고 나답게 살아갈 수 있습니다. 인내하고 참으며 열심히 일만 했던 우리에겐 지금 위로가 필요합니다.

요즘 어디를 가든지 소통을 말합니다. 타인과 어떻게 소통할 것인가가 문제가 아니라 자신과의 소통부터 시작해야 합니다. 셀프 소통을 통해 자신을 제대로 알고 보면 자신의 존재감이 소중하다는 것을 깨닫게 되고, 더욱 사랑하게 되며 그것을 바탕으로 자기이미지는 형성되고 타인과 비교하지 않으며 열등감에 피하지 않고 원만한 소통을 시작하게 될 것입니다. 경쟁이 치열하고 바쁘게 돌아가는 현대사회에서 쫓기듯 살아가는 지친 사람들에게, 스스로 자신을 미워하고, 타인의 미움에 아파하고 있는 사람들에게 조금이라도 도움이 되길 바라는 마음입니다. 행복은 타인이 만들어 주는 것이 아니라 자신 스스로가 만들어 간다는 것을 이 책을 통해 다시금 깨닫는 시간이 되기를 바랍니다.

지금의 강사 모습으로 완성되기까지 전국을 다니며 강의하는 딸을 위해 저의 두딸을 키워주시는 친정엄마와 아버지의 사랑에 진심으로 감사드립니다. 그리고 한결같은 마음으로 저를 믿고 지지하고 응원해주는 든든한 남편과 사랑하는 보물 두 딸에게 고마움을 전합니다. 또한 제 강의를 들어주시고 소통하며 이 책이 나오기까지 기다려주신 청중분들께도 감사드립니다.

제3강
나
받아들이기

나는 누구인가
인간의 본성 나의 본성
삶의 기준
정서가 허전한 나
화내는 나
익숙함에 익숙한 나
비교하고 핑계대는 나
타인의 시선을 의식하는 나
세상을 보는 나의 눈
흔들리는 나
어떻게 듣고 있는가?
마음의 시각 바로 알기
자기 표정 알기
따라쟁이
아크라시아
나? 이런 사람이야!
나에게 관심 갖기

나는
누구인가?

타인에게 할 수 있는 가장 기본적이고 본질적인 질문이 있습니다.

"당신은 누구십니까?"

스스로에게 질문한다면 '나는 누구인가?'입니다.
대부분의 사람은 자기소개를 할 때 이렇게 말합니다.

"안녕하세요, ○○○회사에서 ○○업무를 하는 누구입니다."

"안녕하세요, 교수 또는 주부 또는 직장인 또는 취업준비생입니다."

"안녕하세요, ○○엄마 ○○입니다."

"안녕하세요, ○○동에 살며 두 아이와 한 남자의 와이프 ○○○입니다."

맞습니다. 이렇게 소개하는 것도 자기소개 맞습니다. 그런데 위에서 나열한 인사의 공통점이 있습니다. 자신이 아닌 자신이 하는 일이나 주어진 역할을 소개하고 있다는 것입니다. 자신의 직업이나 집에서의 역할을 마치 자신의 전체인 듯 소개하는 것이죠.

과연 우리는 태어날 때부터 직업을 가졌고, 엄마였고, 아빠였을까요? 직업과 역할은 우리가 살아가면서 하나씩 맡게 된 그야말로 일이고 역할 아닐까요? 그렇다면 다시 질문 드리겠습니다.

직업과 하는 일, 역할을 제외한 "당신은 누구십니까?"라는 질문에 어떻게 대답하시겠습니까? 인사말에 엄마, 며느리,

딸, 아내 빼고, 아빠, 사위, 아들, 남편 빼고, 하는 일, 업무 빼고 당신을 소개해 보십시오. 이 질문에 입이 떨어지지 않거나 할 말이 없다면 나는 없는 겁니다. 참자아가 없는 것입니다.

고대 그리스 델포이의 아폴론 신전神殿 현관 기둥에 새겨졌다는 유명한 말이 있습니다. 소크라테스가 즐겨 사용함으로써 대체로 소크라테스의 말처럼 와전되었지만, 어질고 총명하여 성인에 다음가는 사람이란 뜻의 그리스 7현인賢人의 한 사람이 쓴 것이라고도 하고 아니라고도 하며 아직 정확하게 밝혀지지는 않았다고 합니다. 우리에게 너무나 잘 알려진 명언 '너 자신을 알라!'가 바로 그것입니다.

자신은 자신이 가장 잘 압니다. 단지 잊고 살았을 뿐입니다. 자신을 가만히 들여다보며 대화를 나누어야 합니다. 나는 누구인지, 무엇을 좋아하고, 무엇을 잘하며, 무엇에서 행복을 느끼며, 어떠한 성격의 소유자인지, 진정 나 자신이 추구하고자 하는 것은 무엇인지 셀프 질문을 통해 잊고 있던 '나'라는 사람에 대한 답을 찾아야 합니다.

인간의 본성
나의 본성

인간의 본성은 사실 배려하기보다는 배려받고 싶어 하고, 칭찬하기보다 칭찬받고 싶어 하고, 자신에게 불리한 손해를 기억하여 보상받고 싶어 합니다. 질투심이 강한 본성을 가진 사람도 있을 수 있습니다. 인정받고 싶어 하는 욕구가 강할 수도 있습니다. 그런데 그것이 인간의 본성이며 우리 자신의 본성입니다.

그런데 아무리 본성이라 할지라도 타인에게 피해를 줄 수 있을 정도의 강한 본성은 조금 조절할 필요가 있습니다. 누군가와 좋은 인간관계를 원한다면 상대가 나를 알아줄 때까지 기다리거나 아닌 척하며 스트레스 속에서 관계하며 오해가 생기는 것보다는 차라리 먼저 자신의 본성을 공개하는 것이 오해 없이 관계를 유지하는 데 도움이 될 수 있습니다. 말하지 않아도 알아줄 거라는 한심한 생각은 버려야 합니다. 좋으면 좋다고! 싫으면 싫다고!

말하지 않고 자신의 마음이 전해지기를 바라는 착각에서 벗어나야 합니다. 열 길 물속은 알아도 한 길 사람 마음속은 모른다는 속담처럼 표현하지 않으면 상대는 멋대로 생각하고 당신을 판단합니다.

그런데 여기서 우리는 또 하나를 기억해야 합니다. 자신의 본성을 존중받으려면 상대의 본성도 존중해야 한다는 것은 기본입니다. 이것은 인간관계를 위한 기본이자 배려입니다.

삶의 기준

"기준 있으세요?"

세상이 정해 놓은 기준 말고 자신이 정해 놓은 행복해지기 위한 기준 말입니다.

사람을 만나는 기준!
물건을 고르는 기준!

차를 고르는 기준!

음식을 먹는 기준!

모든 것에는 자신이 주체가 되는 목표나 기준이 정해져 있어야 합니다. 기준이 없으면 인간관계에서도, 물건 구입에서도 우리는 실패하기가 쉽습니다. 그리고 인생이 재미없는 사람들은 목표가 없습니다. 먹고 싶은 것도 하고 싶은 것도 특별히 정해진 것이 없습니다. 그래서 더 재미없고 우울하고 그것이 또 스트레스가 되고 나는 불행한 사람이라고 느끼게 됩니다.

세상이 정해 놓은 행복을 가지려 하거나 유지하려면 개개인의 상황에 따라 해도 해도 끝이 없고 힘이 들 수 있습니다. 세상을 바꿀 수 없다면 나 자신을 바꾸면 됩니다. 행복해지기 위한 내 삶의 기준을 정하거나 바꾸면 됩니다. 자신의 생각이 뚜렷하고 기준만 명확하다면 수입차가 아닌 국산 소형차를 타도 행복합니다. 40평대 넓은 집이 아니어도 10평 정도의 작은집이라 할지라도 행복해질 수 있습니다. 여름날 가까운 계곡에서 발 담그고 함께 먹는 수박에서도 행복함을 느

낄 수 있습니다. 자신의 행복 기준이 명확하다면 꼭 해외여
행을 나갔다 와야 그것이 행복이라고 말하진 않을 것입니다.

정서가
허전한 나

유령위장이라고 들어보셨습니까?

미국의 정신의학자 로저굴드는 유령위장을 두고 "배가 고픈 것도 아닌데 허전하고 허한 느낌이 드는 것, 정신적으로 불안하거나 화가 나거나 우울할 때 느껴지는 배고픔이다."라고 했습니다. 사람을 만나고 술을 마시고 많은 음식을 먹었지만 허전한 느낌, 술을 마시고 떠들며 놀았지만 헤어져 돌아서면 외로움과 허전함을 느끼는 것을 말합니다. 우리 사람에게는 몸

속의 위장 말고 정서와 관련된 유령위장이 따로 또 있다는 것입니다.

채워지지 않는 이 허기는 관계적, 문화적, 경제적 결핍까지 느끼게 할 수 있다고 합니다. 기분이 좋지 않거나 외로울 때 후회스러운 기억이 떠오르면 배가 고파온다고 합니다. 음식으로도 채워지지 않는 것이라면 우리는 그 허전함을 다른 방법으로 채워야 합니다. 허전함을 채우는 방법은 믿음을 가지고 있거나 특별히 친밀감을 느끼는 사람을 찾아가 대화함으로써 허전함을 채우는 것입니다. 음식으로만 채우려 하면 비만이 올 수도 있습니다. 날씬한 몸매를 유지하면서 허전함을 채울 수 있는 것입니다. 차분하게 심호흡하고 생각하면 됩니다. 아쉬운 일, 후회스러운 일, 아니면 서글픈 일들로 허전함을 느끼고 있다면, 주위에 마음이 통하는 사람이 누구인지를 천천히 떠올리고 그 사람을 찾아가 따뜻한 대화를 나누시면 됩니다. 당신에겐 커피 한 잔을 나누어도 그냥 좋은 그런 사람이 있을 것입니다. 그 따뜻한 눈길과 포근한 대화가 정서적 허기에 시달리는 당신을 안정되게 하고 허전한 마음을 채워줄 것입니다.

화내는
나

상대방에게 자주 화를 내시나요? 그런데 상대방이 큰 반응이 없고 맞대응 화를 내지 않는다고 더 화를 내시나요? 혹시 약자에게 강하고 강자에게 약한 사람이 당신 아니신가요? 우리는 알아야 합니다. 상대방이 당신에게 화를 낼 줄 몰라 가만히 있는 것이 아닙니다. 더 이상 당신과 싸우기 싫어 참고 인내하며 화를 조절하는 능력이 당신보다는 뛰어난 사람일 수 있다는 것을 알아야 합니다.

화는 무조건 참거나 감추는 것이 아니라 제대로 풀어야 함이 맞습니다. 그런데 '화는 무조건 참아야 한다.'는 잘못된 생각에서 나타나기 시작한 증세가 바로 화병입니다. 세계적인 미국정신의학회에서는 화병(hwa-byung)을 우리말 그대로 등재하여 한국 특유의 정신의학적 증후군이라고 정의했습니다. 건강하게 화를 다루는 방법을 알아야 합니다. 화를 반복해서 자주 표출하게 되면 분노조절 전두엽의 기능이 약해져서 가벼운 일에도 쉽게 화를 내게 되어 화를 다루지 못하는 사람이 된다고 전문가들은 전합니다. 또한 제대로 화를 표출하지 못하면 그것이 분노가 되는데, 분노는 주위 사람들에게까지 피해를 줍니다.

서울 백병원 정신건강의학과 우종민 교수는 화가 났을 때 즉각적으로 행동하지 말고 뇌의 흥분상태를 가라앉히는 방법을 찾아야 한다고 전했습니다. 당장 화가 치밀어 올라도 분노 호르몬은 15초 정도가 지나면 사라지므로 좀 더 건설적인 화로 표출할 수 있다고 합니다. 이제 타인에게 즉각적으로 화를 표출하여 타인에게까지 불편함을 주는 존재가 되지 마시고 잠시면 산을 보십시오. 아니면 혼자 가만히 잠시만 있어보십시오. 그리고 화를 잘 다스릴 줄 아는 진짜 강자가 되시기 바랍니다.

익숙함에
익숙해진 나

익숙함에 너무 익숙해져 있으면 자신이 바라는 더 나은 삶을 이루지 못할 수도 있습니다. 익숙함이 변화하고 싶은 자신을 잡고 있기 때문입니다.

예를 들어 스피치를 잘하고 싶은 생각에 학원을 다니지만, 새롭게 배운 스피치 기술을 시도하기보다는 늘 하던 대로 스피치를 해버리는 사람이 있습니다. 어색하고 자연스럽지 못하기 때문이라 말합니다. 스피치의 익숙한 습관은 아주 오래 되었지만, 연습 시간은 아주 짧았을 것입니다. 그러면서 배운 기술이 어색하고 잘 안 된다고 투덜투덜합니다. 당연히 그 짧은 연습으로는 습관을 바꿀 수 없습니다.

또, 이렇게 살기 싫다고 말하면서도 새로운 환경이나 변화를 두려워하고 다시 똑같은 익숙해진 불편한 삶의 환경 속으로 돌아가 삶을 살아가는 사람들이 있습니다. 불편한 익숙함, 그 불편한 습관에 익숙해져 생각과 몸이 따로 놀고 있습니다.

이런 사람들은 스스로에게 대단한 각오와 용기가 필요합니다. 현재의 익숙함을 불편하게 하는 새로운 것을 과감하게 받아들이고 실천할 수 있는 큰 용기와 끈기가 필요합니다. 그 용기와 끈기를 꾸준히 유지하고 실천할 때 자신이 원하는 결과와 삶을 만날 수 있습니다. 그때 비로소 자신의 모습은 불편한 익숙함에서 탈출해 있습니다.

비교하고
평계 대는 나

인생은 오래 살아봐야 아는 법이라고들 이야기합니다. 세상의 온갖 부와 권력을 거머쥐고도 인생의 애환을 견디지 못해 자살하는 사람이 있는 반면, 상상조차 하기 힘든 상황에서도 무에서 유를 창조하는 사람들이 있습니다. 이것은 돈이나 배경보다 자신의 의지와 인내의 창조적 능력으로 인해 생기는 것일 수 있습니다.

사고의 전환이 참으로 중요한 것 같습니다. 출발점은 다를 지언정 결국 우리는 삶이라는 길고 긴 마라톤을 하고 있습니다. 그런데 혹시 나보다 앞서서 출발한 사람들을 질투하고 시기하거나 게임의 규칙이 불공평하다고 불평만 하고 있지는 않은지요. 불평할 시간에 나만의 방법으로 꾸준히 계속 뛰어서 그들을 따라잡는 것이 더 현명한 생각입니다.

집이 가난해서, 학벌이 좋지 않아서, 환경이 나빠서, 여러 가지 이유로 자신의 목표와 꿈을 포기하는가 하면 더 나아가 남의 꿈까지 꺾어 버리는 사람들이 많습니다. 세상에는 나보다 잘난 사람들, 더 좋은 여건에 있는 사람들도 많습니다. 그들과 자신을 계속 비교한다면 한평생 핑계만 대고 살 수밖에 없다는 사실을 기억해야 합니다. 마라톤에서 나보다 앞서 달리는 사람들을 보며 "저 사람은 나보다 좋은 운동화를 신어서 그래."라며 비교하고 불평한다면 열정도 떨어지고 끈기도 없어지고 현재 달리는 것을 포기하고 싶어집니다. 그러나 그 사이 내 뒤에 있던 사람들은 나를 앞질러 나갈 것이란 사실을 기억해야 합니다. 이런 불평과 불만이 가득한 핑계를 늘어놓고 있는 시간에 어떻게 하면 목표를 이룰 수 있을지 알아보고 실천에 옮기는 것이 더욱 현명할 것입니다.

꿈을 이루는 데 장벽이 있다면 그 장벽을 어떻게 뛰어넘을 것인지를 고민해야지, 고민거리 자체를 고민만 하고 있다면 달라지는 것은 없습니다. 어렵다, 부족하다, 시간이 없다, 불가능한 현실이라며 핑계를 대고 살기에는 하루가 너무 짧습니다. 도전할 때 꿈은 현실에 한 발짝 가까이 다가서지만, 도전하지 않으면 꿈은 그저 꿈이며 환상에 불과합니다. 지금은 말보다 행동으로 보여주는 것이 필요한 시대입니다. 온갖 핑계의 말로 하루와 인생을 허비하기보다 자신의 목표와 꿈을 위해서 불언실행의 자세로 행동하는 것이 성공의 열쇠라는 굳은 생각으로 목표와 꿈을 위해 끝까지 열심히 달리는 것이 필요합니다.

타인의 시선을
의식하는 나

상대가 나를 바라보는 시선에 우리는 연연할 필요가 없습니다. 상대의 시선은 잠시일 뿐 홍미를 잃으면 시선도 그걸로 끝이 납니다. 상대의 시선만 너무 의식한 나머지 자신의 의지를 제대로 발휘하지 못한다면 내내 불행할 뿐입니다. 남의 시선에 신경을 쓰지 말고, 하고 싶은 것이 있다면 해야 합니다.

시선에는 긍정과 부정의 시선이 있습니다. 우리는 순간마다 선택이라는 것을 해야 합니다. 마찬가지로 시선도 선택할 수 있어야 합니다. 자신에게 보내는 부정적인 시선은 차단하고 긍정적으로 보내는 시선에 힘을 얻어 추구하는 바를 시작한다면 더욱 힘이 날 겁니다. 부정의 시선이 두려워 도전하지 못한다면 두고두고 후회하겠지만, 긍정의 시선을 믿고 시도하면 실패해도 후회는 없습니다. 그것은 살아가면서 삶의 값진 경험과 밑거름이 될 것입니다.

하고 싶은 것이 있다면 시선에 신경을 쓰거나 걱정하지 말고 그냥 하시면 됩니다. 상대방의 시선에 너무 연연하거나 남의 눈치를 보며 사는 인생 말고, 떳떳하고 당당한 삶을 살아가시기 바랍니다.

내가 살아보니까 사람들은 남의 일에 그리 관심이 많지 않다. 그래서 남을 쳐다볼 때는 부러워서든 불쌍해서든 그저 호기심이나 구경차원을 넘지 않는다.

故 서강대 장영희교수
살아온 날 살아갈 날의 기적 중에서

세상을 보는
나의 눈

　자신이 임산부라면 길을 걸어갈 때 다른 임산부가 눈에 많이 들어옵니다. 갖고 싶은 차가 있다면 유독 그 차가 더욱 눈에 잘 보입니다. 이별을 했다면 세상의 슬픈 장면만 보이고, 슬픈 노래가 나를 위한 노래 같습니다.

　우리는 세상을 볼 때 각자 자신이 처한 상황대로 세상을 바라봅니다. 세상을 바라보는 마음의 눈과 자신에게 처한 상황에 따라 세상도 그렇게 보이나 봅니다.

어떤 것을 자신의 눈에 담고 싶습니까? 무엇을 보고 싶으신 지요? 아마도 좋은 모습 행복한 세상을 보고 싶을 것입니다. 그렇다면 세상을 바라보는 나의 눈을 바꾸면 됩니다.

기분이 좋으면 주위의 모든 상황이 긍정적으로 좋게 보일 것이고, 마음이 슬프면 주위의 모든 것이 슬픔으로 또 부정적 으로 보입니다. 마음이 행복하면 세상도 행복하게 보이고, 그 속의 사람들도 행복하게 보입니다. 내 마음이 불행하면 세상 도 불만스럽고 그 속의 사람들도 미워 보일 수 있습니다. 세 상 탓만 하지 말고, 남 탓만 하지 말고, 때로는 보고 싶은 것 을 이 세상에서 찾아볼 수 있는 눈을 가져서 세상을 바라보 면 세상은 괜찮은 세상이기도 합니다.

흔들리는
나

"작은 바람에도 흔들릴 정도로 나약해서 이 세상 어찌 살아갈래?"

"앞으로 수없이 강한 바람이 불어올 텐데, 그때마다 힘들어서 어찌 버텨 낼래?"

"원망하며 흔들릴 테냐?"

"속상해하며 또 흔들릴 테냐?"

"두려워하며 흔들릴 것인가?"

"화내며 더 흔들릴 것인가?"

"흔들리며 아파할 것인가?"

"흔들려서 나약해지고 말 것인가?"

살아가다 보면 풍랑이나 거센 파도를 만날 때가 있습니다. 그러나 그것을 어떻게 마주하느냐가 중요합니다. 매번 흔들리고만 있으면 진도를 나갈 수가 없습니다. 언제까지 흔들리고만 있을 수는 없습니다.

자신을 믿고 그 믿음으로 버텨내야 합니다.

"가장 중요한 것이 가장 사소한 것들에 의해 좌우되어서는 안 된다."

-괴테

어떻게
듣고 있는가?

우리는 말합니다. 그리고 어떤 말을 들을 때, 듣고 싶은 대로 듣습니다. 그런데 가끔은 듣는 사람의 생각이 반영되어 내용이 왜곡될 때가 있습니다. 심지어 듣는 사람의 생각이 내용이 되어 제 삼자에게 또 다른 내용으로 전달되기도 합니다. 그리하여 이해의 관계가 되어야 할 인간관계가 오해의 관계로 변합니다. 예전 친정어머니를 따라 사주를 들으러 간적이 있습니다. 늘 교육, 강의 관련해서 좋은 소식들을 기다리고 있을 때였습니다. 그런데 사주를 봐주시는 할머니께서 저에게 이런 말씀을 하셨습니다.

"상복 입겠다."

저는 그 얘기를 듣는 순간 기쁨의 미소를 지었습니다. 그런데 할머니께서 화를 내시며 큰 소리로 "상복 입는다고!" 한 번 더 말씀하셨습니다. 제가 그 소리에 미소 지으며 웃다가 당황해하자 옆에 계시던 친정어머니께서 저에게 바로 설명을 해주셨습니다.

"누가 돌아가신다고, 상 치르겠다고."

그때서야 정신을 차렸습니다. 할머니께서 화를 내시는 이유도 바로 알게 되었습니다. 처음에 제 귀에는 분명 할머니의 말씀이 이렇게 들렸습니다.

"상복 있겠다!"로 말입니다.

활발한 강의활동으로 무언가 좋은 일이 있기를 바라는 내 마음의 귀가 그렇게 듣고 싶었나봅니다. 그래서 제 귀에는 듣고 싶은 대로 들렸고, 저는 반가운 소리로 해석하며 기쁨의 미소를 지었던 것입니다. 그런데 할머니 입장에서는 누군가가 죽는다는데 좋아하는 제 모습을 보시면서 얼마나 어이가 없으셨을까요? 지금 생각하면 제 마음대로 해석하고 들었던 제 모습에 웃음이 나옵니다.

　자신의 관심사나 생각하는 것에 따라, 그리고 처지에 따라 듣게 되고 그렇게 해석하고 싶어 합니다. 지금 어떤 소리가 듣고 싶으신가요? 또는 주위 사람들의 소리가 어떻게 들리시나요? 지금 자신의 관심사는 무엇이며 어떤 상황이신가요? 자신이 처한 상황이나 환경을 점검해보면 나는 무엇을 듣고 싶어 하는지 알게 됩니다.

마음의 시각
바로 알기

살아가면서 듣고 싶은 말들이 많습니다. 그런 말들을 들을 수 있다면 참 행복할 것입니다. 상대방의 메시지를 우리는 자신의 상황에 빗대어 듣고 해석할 때가 많습니다. 자신의 삶이 슬프고 힘들다면 대부분의 메시지가 부정적으로 들릴 수도 있습니다. 그러나 행복하고 즐겁다면, 대부분의 메시지는 긍정적으로 해석되고 들릴 수도 있습니다.

예를 들어 일터에서 대화를 나눌 때 A라는 사람이 자신에게 무어라고 메시지를 전하면 나는 수용하고 받아들입니다. 그리고 A라는 사람에게 말을 건넬 때도 부드럽게 건넵니다. 그런데 B라는 사람이 자신에게 말을 하면 귀에 거슬립니다. 마음속으로 '자기가 뭔데 나한테 이래라 저래라야?' 하는 거부감이 생겨납니다. 그리고 퉁명스럽게 말을 던집니다.

차이는 무엇일까요? 자신이 A와 B라는 사람을 바라보는 마음의 시각이 다르기 때문입니다. A를 향한 마음은 긍정이라면 B를 향한 마음은 부정이기 때문입니다. 그렇다면 나는 왜 B를 부정적으로 보는지 제대로 알아야 합니다. 그리고 그 문제점을 해결해야 소통이 됩니다. 어쩌면 상대방이 아니라 나 자신에게 문제가 있을 수 있습니다. 사람을 대할 때 선입견을 가지고 긍정 또는 부정으로 지나치게 치우쳐서 인간관계를 하고 있을 수 있습니다. 고운 마음을 키워 상대방을 곱게 바라보는 마음의 시각이 필요합니다.

혹시 누군가의 메시지가 곱게 들린다면 그를 대하는 나의 마음도 고울 것입니다. 곱지 않게 들린다면 그를 대하는 나의 마음은 곱지 않을 것입니다. 먼저 자신이 처한 상황과 생각 상태, 그리고 상대방을 바라보는 자신의 시각이 어떠한지부터 관찰해 보는 것이 필요합니다. 마음의 시각이 제대로 눈뜰 때 타인과의 소통도 원만해집니다.

자기 표정
알기

거울을 보고 웃으면 거울도 나를 보고 웃고 있습니다. 거울을 보며 찡그리면 똑같이 찡그리며 나를 봅니다. 당신은 어떤 표정을 가진 사람을 만나고 싶으신지요?

자신의 얼굴 표정을 얼마나 잘 알고 있는지 우리는 자신의 얼굴을 유심히 관찰해 볼 필요가 있습니다. 어느 심리학자의 연구결과에 따르면 인간이 상대방을 보는 처음 30초 안에 90%가 첫인상으로 결정된다고 합니다. 그런데 첫인상을 판단하는 기준의 80%가 타인의 눈에 보이는 나의 외모입니다. 외모 중에서도 60% 정도가 얼굴을 통해 첫인상 이미지를 전달하게 됩니다. 첫인상이 좋다면 상대방은 당신에게 호감을 가지고 대화를 유도하고 원만한 인간관계를 시작하려 할 겁니다. 자신의 인간관계에 문제가 있다고 생각한다면 먼저 거울로 얼굴 표정부터 진단하시기 바랍니다.

얼굴은 '영혼', '정신'이라는 뜻의 '얼'과 '통로', '움'이라는 뜻의 '굴'의 합성어로, '영혼이 통하는 곳' 또는 '영혼이 담긴 곳'을 얼굴이라고 표현합니다. "나이가 마흔이면 얼굴에 책임을 져야 한다."라고 한 링컨대통령의 말처럼 자신의 삶의 모습이 얼굴에 반영됩니다. 또한 자신의 감정상태가 표정으로 나타나게 됩니다. 자신의 삶을 바라보는 생각 태도가 표정으로 나타납니다. 그 표정은 자신의 인상이 되어 타인에게 어필합니다. 표정 관리, 인상 관리가 행복한 인간관계를 만들어줍니다.

따라쟁이

남이 한다고 따라하는 따라쟁이 삶을 사는 사람들이 있습니다. 도심의 거리에서 똑같은 얼굴을 하는 성형 따라쟁이들이 있고, 똑같은 패션의 옷을 입고 있는 패션 따라쟁이들을 발견합니다. 스스로에게 나는 누구이며, 어떤 성격의 소유자이며, 무엇을 좋아하는지 또는 싫어하는지 구분되지 않는 정체성과 자신감의 상실에서 오는 현상입니다.

어떤 분야에서 좋은 성과를 이룬 사람들은 공통적인 특징이 있었습니다. 미국의 심리학자 하워드 가드너의 다중지능

이론 중 자기이해지능이 높다는 결과가 있습니다. 자기이해지능은 자신에 대해 잘 알고 이해하여 잘하는 것을 발견하고 그것에 에너지를 집중적으로 쏟아 좋은 성과를 만들어 내는 능력입니다.

자신을 잘 알고 이해한다면 남들이 한다고 자기의 적성에 맞지도 않는 것을 애써 억지로 하지는 않을 것입니다. 지금부터라도 자신의 강점이 무엇인지를 찾고 그것을 개발하는 일에 집중하십시오.

아크라시아

아리스토텔레스의 〈니코마코스윤리학〉에 의하면 그리스어로 '아크라시아(akrasia)'는 우리말로 '자제력 없음'이란 뜻의 용어가 있습니다. 아크라시아는 스스로 최선이라고 이성적인 판단을 내린 것과는 달리 행동은 반대로 하는 것을 의미합니다. 자제력이 없는 사람은 자신이 하는 행위가 나쁘다는 것을 알면서도 감정 때문에 그것을 행한다고 설명합니다. 예를 들어 담배의 유해성을 알고 있음에도 불구하고 쉽게 담배를 끊지 못하는 현상을 아크라시아라 할 수 있습니다.

이 아크라시아 때문에 원하는 결과를 만나지 못하는 사람이 많습니다. 순간의 달콤한 유혹에 넘어가 버리기 때문입니다. 마시멜로 테스트의 창안자 월터 미셸 박사 역시 유혹과 분노를 조절하지 못하는 것이 자제력의 문제라고 하였습니다. 자제력이 부족하면 세상의 흐름에 휩쓸려 다니게 되고 각종 욕망, 유혹의 노예가 되어 그것을 뿌리치지 못하게 됩니다. 그러나 자제력이 있는 사람은 쉽게 자기 기분에 끌려 다니지 않고 냉정해질 수 있으며 자기의 마음을 제어할 수 있습니다.

삶을 살아가면서 반드시 지니고 있어야 할 힘 중 하나가 자제력입니다. 스스로가 아크라시아는 아닌지 냉철한 관찰을 통해 자신이 추구하는 목표를 이루기 위해 반드시 필요한 힘, 자제력을 키워야 합니다.

나?
이런 사람이야!

　　좋은 것을 좋아합니다. 최고를 좋아합니다. 원하는 것을 가져야 합니다. 그게 나입니다. 남들보다 조금 더 뛰어났으면 좋겠고, 남들보다 조금 더 우월해 보이고 싶습니다. 좋다는 거, 비싸다는 거 먹어주고 싶고, 멋져 보이고도 싶습니다. 그게 나입니다. 마음이 여리고 눈물도 많습니다. 정이 많고 지나치게 상대를 배려하여 남에게 싫은 말도 잘 못합니다. 깐깐해 보이는 외모와는 달리 여리고 실수가 많습니다. 얌전 떨기보다는 조금은 터프한 행동이 나다운 것 같고, 조신하게 말하는 것보다는 조금은 직설적이고 화통하게 말하기를 좋아합니다. 이 사람이 바로 필자인 저 임수희입니다. 어쩜 누군가와 똑같을 수도 있고, 다를 수도 있고, 어떤 사람은 저보다 더 할 수도 있습니다. 진정한 자신을 꼭꼭 숨겨놓고 사는 것은 아주 답답하고 갑갑한 삶입니다.

'나는 이런 사람이다!'라고 말하면 사람들이 나를 이상하게 생각하지 않을까 하는 걱정에 진짜 나를 밝히기를 꺼리고 사람들이 추구하는 거짓 나로 나를 알리고 있지는 않으신지요? 세상에는 완벽한 사람은 없습니다. 추구하는 것도 성격도 모두가 다르고 다양한 것이 사람입니다. 그러니 '나'라는 존재감이 부정당할 이유가 없습니다. 자존감이 낮으면 타인 앞에서 당당해지지 못합니다. 자신감을 가지고 용기를 가지고 진짜 나를 당당하게 공개해야 합니다. 당당하고 당당하게 '이게 바로 나!'라고 외쳐보시기 바랍니다.

나에게
관심 갖기

"무엇에 관심이 있으세요?"
"무엇을 좋아하시나요?"
"무엇을 하고 싶으신가요?"

성취하고 이루고 싶다면 관심부터 가져야 합니다. 소망과 열망이 없다면 시작될 수 없거나 시작되는 시기가 한참 후가 될 수 있습니다. 관심이 있어야만 하고 싶어지는 마음과 열정도 생겨납니다. 관심이 간다는 것은 잘할 수 있는 가능성도 높아진다는 뜻입니다. 그것을 목표로 선택하고 실천하기 때문에 원하는 결과를 만날 확률도 높아지는 것입니다.

예를 들어 먹는 것에 관심이 없으면 입맛이 없고 밥맛도 없고 먹지 않아서 몸의 건강이 나빠질 수 있습니다. 소망이 없다는 것은 무엇을 하겠다는 의욕이 없다는 것을 뜻합니다. 하기 싫고 적성에 맞지 않은 일을 참으면서 하는 것은 힘든 일이기 때문에 포기할 확률이 높습니다. 현재 주어진 일들이 많고 해야 할 일들이 많아서 자신의 관심사를 돌아볼 시간이 없다는 것은 핑계입니다. 24시간 내내 일만 하고 있지 않습니다. 효율적으로 시간 관리를 한다면 관심거리에 에너지를 쏟을 수 있습니다.

꿈을 이루기 위해 가장 먼저 해야 할 일은 자신이 무엇에 관심을 가지고 있는지 먼저 발견하는 것입니다. 시간을 투자해서 차분하게 자신의 관심분야를 찾아보시기 바랍니다.

똑같은 상처
상처에 대처하기
비판 받아들이기
불완전한 존재감
간절히 원해도 이루어지지 않는다.
시련 겪기
어둠이 알려주는 것
바람에 몸을 실으며
아는 것이 힘 NO! 실천하는 것이 힘 YES!!
인생지원서에 필요한 상처와 실패의 스펙
욕심 내려놓기
늘 하던 대로
100%의 행복은 없다
비교 버리기
잡생각 버리기
나중에를 버리기

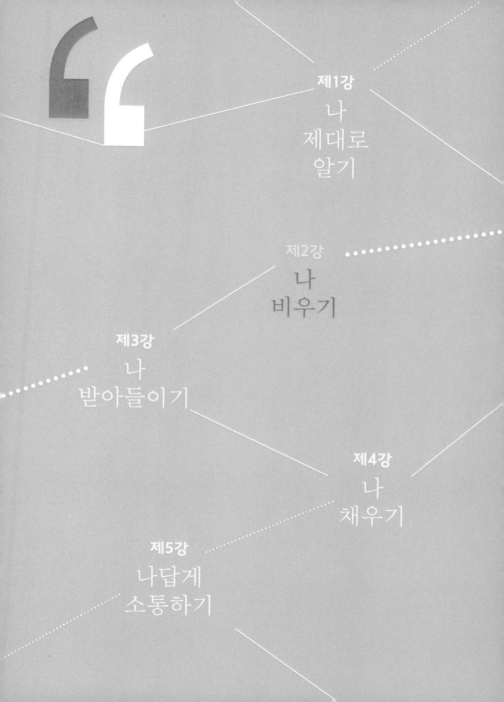

똑같은
상처

사람들은 자기 위주로 삶을 살아가지 남 위주로 살아가지 않습니다. 그러니 상대방에게 이기적이라고 말할 필요도 없습니다. 우리 자신도 분명 누군가에겐 이기적인 존재일 것입니다. 그러니 누군가 자신을 욕하고 미워해도 노여워할 필요가 없습니다. 자신도 누군가를 욕하고 원망한 적은 있을 테니까 말입니다.

믿었던 사람에게 상처 받았다며 마음 아파할 필요 없습니다. 지금 그 상대방도 가시방석이거나 마음이 불편할겁니다. 미워하든 말든 그냥 내버려 두시면 됩니다. 상대방이 나를 두고 부정하는 말에 일일이 신경 쓰고 대응할 필요가 없습니다. 내 자신이 떳떳하다면 헛소문은 사라지고 모든 것은 곧 제자리로 돌아올 것입니다. 같이 맞대응하면 할수록 오해만 깊어져 갑니다.

말이 많아지면 실언할 가능성도 높아집니다. 그리고 상처에 너무 아파하지 마십시오. 우리는 자신이 누군가에게 상처 준 것은 모르고 상처받은 것만 기억하고 아파하며 힘들어합니다. 상처받았다고 생각하면 그 순간부터 그 상처로 더 아프기 시작합니다.

세상사람 다 내 마음 같지 않다는 말 맞습니다. 세상사람 다 내 마음 같지 않습니다. 그러나 나 자신도 세상사람 모두가 원하는 대로만 해줄 순 없으니 그 또한 너무 속상해하지 말고 상처를 홀홀 털고 일어나시면 됩니다.

상처에
대처하기

상처 받아서 되갚아줄 생각을 했다면 그 순간부터 자신의 삶은 더 이상 자기 위주로 돌아가지 않습니다.

모든 초점이 복수해 줄 상대에게 쏠리고 상대에게 맞추어 자신은 움직이기 시작합니다. 상처로 인해 시작한 복수이고 관계를 끊기 위한 복수인데, 이상하게 자꾸만 상대에게 더욱 집착하고 관계가 꼬여들게 됩니다. 처음에는 상대에게 상처 받아 시작한 일이라지만, 점점 자기 스스로를 힘겹게 만듭니다. 시간이 갈수록 잊히기는커녕 더욱 선명해지고 스스로에게 더 큰 상처를 주고 있는 자신을 발견하게 됩니다.

받은 상처를 앙갚음하려고 쏟은 에너지가 오히려 자신의 상처를 더욱 아프게 합니다. 좋은 곳에 써도 모자랄 아까운 에너지가 엉뚱한 곳으로 낭비만 되고 있는 꼴입니다. 에너지는 자신을 위해 긍정적으로 쓰여야 합니다. 다시 말해서 에너지가 복수를 위해 쓰임으로써 오히려 나의 상처만 더욱 덧나게 하는 쪽으로 흘러가게 해서는 안 된다는 뜻입니다.

좋은 긍정의 에너지를 만들어 자기 자신에게 제공함으로써 상대에게 내가 더 잘 사는 모습, 나의 행복한 모습을 보여주는 것이 상처에 대처하는 현명한 방법이자 상대에게 복수하는 최대의 방법입니다.

비판
받아들이기

우리는 누군가를 비판합니다. 그런데 정작 자신을 비판하는 목소리는 듣기 싫어합니다. 사람들은 자신이 듣고 싶은 말만 들으려 합니다. 그러나 때로는 바른 말도 들을 필요가 있습니다. 자신이 진짜 성장할 수 있는 기회는 바른말을 듣고 그것을 받아들일 때입니다. 비판을 듣고 그것을 수정 보완할 때 더 큰 성장을 할 수 있습니다. 그때 비로소 새롭고 좋은 기회도 만나게 되는 것입니다. 건설적인 비판 받기를 꺼려한다면 인정받고 칭찬받기는 더더욱 어려워집니다. 성공하고 싶다면 먼저 비판에 익숙해져야 합니다.

　성공한 사람들은 거의 필연적으로 비판을 받아들였습니다. 그리고 보완을 통해 성공할 수 있었던 것입니다. 비판을 받아들이는 자신의 긍정적인 정신력과 자세가 필요합니다. 비판 한 마디에 휘청거리지 말고 더 큰 성장을 원한다면 비판 받을 준비가 필요합니다.

　"관계 향상을 위해서는 듣고 싶은 말을 해주기."
　"성공하기 위해서는 바른 말 듣기."

불완전한
존재감

인간의 본질은 불완전하기 짝이 없습니다. 하지만 불완전함을 인정하려 들지 않는 경우가 많습니다. 상대방이 완벽하기를 바라거나 완벽해지려고 하는 것에 초점을 두고 살아갑니다.

장관이나 총리에 대한 청문회를 보더라도 이런 현상을 쉽게 이해할 수 있습니다. 부족한 사람이 아니라 완벽한 사람을 기대하지만 세상에 완벽한 사람은 없습니다. 성격이 좋고 잘생기고 키가 크지만 직업이 별로이거나, 능력이 뛰어나고 잘생겼지만 성품이 별로입니다. 모든 것을 완벽하게 갖춘 사람은 없습니다. 완벽할 수 없는 존재를 완벽하게 만들려는 것은 상대방과 자신의 존재감 자체를 부정하는 것입니다.

우리는 완벽에 대한 집착을 내려놓아야 합니다. 어떠한 문제가 발생했을 때, 무조건 부족한 자신의 문제라고 생각하지 말아야 합니다. 완벽을 추구하는 자책은 자신감 상실이라는 결과를 낳을 수 있습니다.

특정한 문제를 자신의 능력으로 성공적으로 해결할 수 있다는 자기 자신에 대한 신념이나 기대감을 자기효능감이라 하는데, 매사 자신의 능력 문제라고 판단하면 자기효능감 또한 떨어지게 됩니다. 사람은 완벽하지 않으며 누구나 부족함을 가지고 있습니다. 부족함을 받아들이고 나아가면 좋은 결과를 얻을 수 있습니다. 자신을 믿고 자신이 해결할 수 있다고 믿으시기 바랍니다.

간절히 원하기만 해서는
결코 이루어지지 않는다

간절히 원하면 이루어지지 않습니다. 우리는 보통 '이루어진다'고 생각하고 또 그렇게 대답합니다. 그렇다면 예를 들어 보겠습니다. 1억을 간절히 원한다면 그 돈이 과연 생길까요? 아닙니다. 안타깝게도 1억은 자신 앞에 생기지 않습니다. 원하기만 한다면 소용없습니다. 간절히 원한 것을 이루기 위해서는 그것을 이루기 위한 실행을 할 때 가능합니다.

1억을 갖기 원한다면 그것을 이루기 위해 자신이 할 수 있는 일이 무엇인지부터 먼저 찾아보아야 합니다. 일단 돈을 벌수 있는 일이 무엇인가를 찾고 그 방법을 실천해야 합니다. 폼이 나게 외제차를 몰고 싶다면 자신이 할 수 있는 일이 무엇인지부터 먼저 계획부터 세워야 합니다. 운전면허가 없다면 운전면허 취득을 위해 학원에 등록해서 운전연습 실행부터 해야 합니다. 로또 대박을 꿈꾼다면 로또부터 사러 가는 실행이 필요합니다.

자신이 원하는 것을 얻기 위해서는 간절한 소망이 먼저 있어야 하는 것은 당연합니다. 그렇지만 간절함만으로 원하는 것이 이루어지지 않습니다. 노력과 실천이 없는 소망, 일장춘몽一場春夢으로 끝나버릴 것입니다.

시련
겪기

다음은 카프만 부인의 〈광야의 샘〉의 일부를 인용한 글입니다.

책상 위에 여러 개의 누에고치가 있었는데, 어느 날 누에나비 한 마리가 누에고치 작은 구멍에서 긴 시간 동안 온갖 몸부림을 치는 것을 발견했다. 세상에 첫발을 내딛는 그 가엾은 나비를 도와주려고 누에고치를 가위로 오려 큰 구멍을 내주었다. 좁은 구멍에서 스스로 나온 누에고치들은 날개를 찢기는 어려움을 당했다. 하지만 자신의 가위로 크게 구멍을 내준 나비는 쉽게 고치에서 나와 아무런 상처도 없이 아름다운 날개를 파닥였다. 스스로 참 잘한 일이라고 생각했다. 그런데 구멍을 어렵게 비집고 나온 나비들은 날개를 치며 공중으로 날아올랐지만 가위로 잘라서 구멍을 내서 쉽고 편하게 나온 나비는 날개를 푸드득거리며 책상 위를 맴돌더니 얼마 후 지쳐서 쓰러졌다. 알고 보니 누에나비는 작은 구멍으로 스스로 나오며 그동안 힘이 생기고 날개와 몸에 있던 물기가 알맞게 말라 날 수 있었던 것이다.

정신과 의사의 말에 의하면 좌절이나 힘든 시련을 경험하지 못한 사람은 그것을 견뎌내는 힘이 부족하다고 합니다. 자신에게 닥쳐온 힘든 일들에 맞서서 이겨내야 더욱 강한 힘이 생깁니다. 좌절과 시련을 경험하면서 더 단단해지고 스스로가 자신의 삶의 디딤돌이 될 수 있게 시련을 당당하게 경험하며 이겨낼 필요가 있습니다.

등산길도 오르막이 있으면 내리막도 있듯 인생의 굴곡도

오르막과 내리막이 있습니다. 지난날을 생각해보면 고생 한 번 안 해본 적은 없을 겁니다. 또, 지난날을 생각해보면 행복한 경험도 있었을 겁니다. 그런데 무엇이 될지는 모르지만 살아가다가 어떤 힘든 일이 닥쳐올 수도 있습니다.

로랑 구넬의 〈가고 싶은 길을 가라〉 중에 "아기는 평균 이천 번을 넘어져야 비로소 걷는 법을 배웁니다."라는 내용이 있습니다. 아기는 평균 2,000번을 도전하고 오로지 집중하고 열정을 기울여 마침내 걷기에 성공하는 셈입니다. 더욱 집중하고 열정을 쏟아 그 환경과 상황을 이겨내는 것이 중요합니다. 고통 속에 예쁜 나비가 되듯 높은 경사傾斜를 인내하고 올라가면 비로소 경사慶事를 만날 수 있습니다.

어둠이
알려 주는 것

나팔꽃은 어둠을 안고 참아서 이른 새벽 꽃을 피우는 꽃입니다. 그래서 'morning glory'라고도 부릅니다. 나팔꽃의 꽃말 또한 기쁜 소식입니다. 이 꽃말을 알게 되면 참 반가운 꽃, 그래서 더욱 기다려지는 꽃으로 인식하게 될 것입니다.

지금 자신에게 캄캄한 어둠이 찾아와 앞이 잘 보이지 않는다고 생각할 수 있습니다. 그러나 어둠이 존재한다면 어딘가에는 반드시 빛도 존재합니다. 캄캄한 어둠을 경험해 보아야만 비로소 빛이 더욱 반갑게 느껴집니다. 어두워진 후 밝아지고, 밝아진 후 다시 어두워지는 자연의 섭리처럼 지금의 어둠 속에서 얼마 되지 않아 곧 반가운 빛과 함께 새벽을 맞이하게 될 것입니다. 그리고 나팔꽃이 피듯 기쁜 일이 펼쳐질 것입니다.

그러니 지금의 어둠을 너무 무서워하지 말고 기다리면 됩니다. 분명한 사실은 어둠이 지나면 밝은 아침이 찾아온다는 진리입니다.

"끝날 때까지 끝난 것이 아니다."라는 명언으로 유명한 야구 선수이자 뉴욕 메츠의 감독이었던 요기베라의 말처럼, 어둠 속에서도 포기하지 않는 자세가 그 무엇보다도 필요한 상태입니다.

바람에
몸을 실으며

    사람은 하루하루를 크고 작은 바람에 흔들리며 살아갑니다. 삶이란 늘 불어오는 바람과 함께 살아가야 하는 운명과 같습니다. 중요한 것은 바람이 불어올 때마다 흔들리는 우리의 마음입니다. 삶 속 운명과 같은 바람을 탓하기보다는 바람에 흔들리는 마음을 읽을 줄 알아야 합니다.

    살다 보면 늘 크고 작은 바람이 셀 수 없을 만큼 많이 불어옵니다. 살면서 우리에게 불어오는 바람을 막거나 멈추기

를 바라기보다는 운명처럼 함께하는 바람을 기회로 삼아야
합니다.

불어오는 바람을 매섭고 부담스럽다고 느끼며 맞이하면
바람이 불 때마다 고통스럽게 흔들려야 합니다. 하지만 바
람을 받아들이고 맞이한다면 불어오는 바람에 두 팔 벌려
살랑살랑 내 몸을 맡기며 자연스레 바람을 지나보낼 수도
있습니다. 이 바람을 어떻게 마주하느냐에 따라 몸의 반응
이 달라집니다.

바람을 탈 줄 아는 노련한 사공은 그 바람을 이용해 배가
자신의 목적지까지 갈 수 있도록 노를 젓습니다. 불어오는 바
람을 탓하지 말고 오히려 바람을 유연하게 받아들이며 맞이
하는 마음 자세가 필요합니다.

아는 것이 힘, NO!
실천하는 것이 힘, YES!

잉글랜드의 철학자 프랜시스 베이컨(Francis Bacon)의 격언이 있습니다. 라틴어로는 'scientia potentia est', 영어로는 'knowledge is power'로 '아는 것이 힘이다'가 그것입니다.

맞습니다. 예전에는 많이 알아야 했습니다. 그래서 대학에 입학했다는 이유로 동네 현수막이 내걸리던 시절도 있었습니다. 그렇지만 지식 정보화 시대가 된 현대사회는 사람들의 지식수준이 상당히 높아져서 모르는 것이 거의 없습니다.

지식 정보화 이전 시대는 지식을 머릿속에 넣었던 시대라면, 지금은 정보통신의 발달로 컴퓨터나 휴대폰으로 검색을 해서 필요한 지식과 정보를 확인하는, 즉 지식을 들고 다니는 시대라고 할 수 있습니다. 지식의 증가 속도가 빨라졌습니다. 새로운 지식이 구형이 되는 시간의 주기가 매우 짧아졌습니다. 너도 나도 할 것 없이 많은 지식을 가지고 있습니다. 따라서 대부분의 사람들은 성공하는 방법은 물론 행복해지는 방법, 소통하는 방법과 관련된 지식을 알고 있습니다. 그러나 모두가 대인관계에서 소통이 되거나 성공하거나 행복해지지는 않습니다.

정의롭지 못한 행동은 부덕不德, 즉 알지 못하기 때문에 나타나는 현상입니다. 제대로 덕을 알면 거기에 맞는 행동을 한다는 소크라테스의 지덕합일 학설처럼 방법을 알고 있다면 그 방법의 지식을 행동으로 실천해야 합니다. 만약 알면서도 실천하지 못한다면 세상의 그 어떤 해박한 지식도 자신의 삶에서 의미가 없습니다. 아는 것을 실천해야 자신에게 힘이 생기는 시대입니다. 아는 것을 제대로 실천할 때 나에게 힘이 되고, 그 힘이 자신이 원하는 것을 이룰 수 있게 해줍니다.

스스로에게 이렇게 다짐해야 합니다.

'아는 것이 전부가 아니다. 실천해야 힘이다!'

인생지원서에 필요한 상처와
실패의 스펙

<매일 읽는 맥스웰 리더십>의 내용에 의하면 미국의 서던 캘리포니아 대학교 워렌 베니스 교수는 다양한 분야에서 최고의 성과를 낸 70명을 인터뷰한 결과, 그들은 자신의 실수를 실패로만 받아들이지 않았다고 합니다. 실수를 '경험에서 배웠다', '지불해야 할 수강료', '우회로', '성장할 기회'라는 식으로 표현하며 발판삼아 성장해 나갔다고 합니다.

실수를 실패로 결론짓고 슬퍼하거나 포기하지 말고 디딤돌

역할로 딛고 일어서야 합니다. 그러나 목표달성 과정에 실패할 수도 있습니다. 깊은 내공은 실패할 때마다 쌓인다는 사실을 기억할 필요가 있습니다. 실패에서 더 많은 지혜를 배울 수 있는 기회가 오게 됩니다. 실패의 상처가 있다는 것은 자신이 그것을 경험했고 보완시켜 리스크를 줄여 한 발자국 더 나아갈 수 있다는 기회입니다.

경험! 그것을 통해 지혜와 내공이 모이게 되고 더 단단하고 멋진 성공의 결과물을 안겨주게 되는 것입니다. 날씨가 좋다고 느낄 때가 언제입니까? 세찬 비가 오거나 날씨가 많이 흐린 뒤에 해가 뜨면 유난히 날씨가 좋게 느낍니다. 자신에게 다가오는 궂은 날씨와도 같은 시련과 실패를 너무 두려워 말고 당당히 경험해야 합니다. 그래야 어려움 너머에 있는 영광스러운 성공과 자랑스러운 열매를 볼 수 있습니다.

욕심
내려놓기

판잣집을 만들어줘도, 종이박스 집을 만들어줘도, 불만 없이 마냥 좋다고 꼬리를 살랑거립니다. 찌그러진 밥그릇에 먹다 남은 찬밥을 줘도 싫은 내색 없이 마냥 좋다고 꼬리를 살랑거립니다. 마냥 좋다고 꼬리를 살랑거리는 강아지는 욕심이 없어서 그런지 모든 것이 만족스럽고 즐겁나 봅니다.

욕심이란 나를 위하기도 하지만 나를 해하기도 합니다. 때로는 필요 없다 느끼면서도 버리지도 못하는 것이 욕심입니다.

욕심은 당신의 목표와 원하는 것을 성공적으로 이룰 수 있게 하는 원동력이 되기도 하지만, 지나치면 일을 망치게도 할 수 있습니다. 그것은 분명 자신이 원하는 결과가 아닙니다.

마음에서 지나친 욕심을 비우면 더 현명한 방법들이 당신을 기다린다는 사실을 발견할 수 있습니다. 여유를 가지고 상황을 보다 더 넓고 깊게 볼 수 있기 때문입니다. 욕구는 있어야 하지만 지나친 욕심은 내려놓아야 합니다.

명심보감에서는 마음이 편안하면 초가집에 살아도 편안하다고 말합니다. 성품이 안정되면 나물국을 먹어도 오히려 향기가 난다는 말도 있습니다. 중국 고전 〈익지서益智書〉에는 아무런 연고가 없이 가난하게 지내는 것이 연고가 있으면서 부자가 되려는 것보다 낫다고 했습니다.

몸에 병이 없이 조밥을 먹고 사는 것이 병이 있어서 좋은 약을 먹고 사는 것보다 낫다고 합니다. 모든 것은 마음먹기 나름입니다. 지나친 욕심이 당신을 망하게, 아프게, 슬프게, 늘 고프게 합니다.

늘
하던 대로

있는 그대로 늘 하던 대로 하는 것이 자신의 강점이 되거나 잘하는 것이 될 수 있습니다. 필자도 더 잘하려는 욕심을 부리고 강의에 임한 날은 오히려 제 자신이 생각하기에 잘하지도 만족스럽지도 못하다고 느끼고 돌아오는 경우가 있습니다.

살아가면서 새로운 것들에 관심을 두는 것도 필요는 하지만, 자신이 잘하는 것을 진정한 자신의 것으로 만든 후에 제대로 펼쳐 보이는 것이 더욱 중요합니다. 나랑 맞지도 어울리지도 않는데 대세라는 이유로 새롭다는 이유로 억지로 끼워 맞추거나 어설프게 꾸역꾸역 끌고 가며 채우려 하는 것보다는 능숙하게 잘하는 것을 나만의 노하우로 차별화시켜 공개할 수 있다면 그것이야말로 멋진 일입니다.

하루하루 변화가 빠른 시대이고 그 시대에 적응하여 매번 변화해야 한다지만, 잘하지도 않는 것을 변화하는 시대에 적응하기 위해서 억지로 해야 한다면, 그야말로 고달픈 삶이 될 수 있습니다. 능숙하게 그리고 자연스럽게 늘 하는 대로 잘할 수 있는 한 분야를 전문적으로 발전시켜 잘할 수 있는 자신의 그 능력을 늘 하던 흐름대로 잘 유지해 나가는 것이 변화보다 더욱 필요하고 중요할 수도 있습니다.

100%의
행복은 없다

행복 연구로 유명하며 세계적인 권위자인 에드 디너 교수가 〈모나리자 미소의 법칙〉에서 모나리자의 미소는 긍정이 83% 부정이 17%라고 설명했습니다. 더 자세히 살펴보면 행복한 감정이 83%, 혐오감이 9%, 두려움이 6%, 분노심이 2%이라고 합니다. 세계적으로 아름다운 미소로 유명한 모나리자의 미소에서조차 100% 완벽한 긍정으로 미소가 만들어진 것은 아니라는 뜻입니다.

어쩌면 100% 완벽한 미소도 없고, 행복도 없지 않을까 싶습니다. 에드 디너 교수는 지속적이고 완벽한 행복은 실현 자체가 불가능하니 "조금은 불행한 행복을 원하라."고 조언하기도 했습니다.

인간의 행복을 극대화하려면 17%의 부정도 느낄 줄 알아야합니다. 다시 말하면 슬픔이나 어려움의 부정을 통해야 진정한 긍정의 행복을 만끽할 수 있다는 뜻입니다. '모나리자의 미소'처럼 83퍼센트의 기쁨과 17퍼센트의 슬픔이 조화롭게 균형을 이룰 때야말로 가장 편안하고 아름다운 미소가 탄생합니다.

시련이나 역경이 조금은 있으면서 그 속에서 느끼는 행복, 그래서 그 행복이 더 값지다고 느끼는 깨달음이 지금 우리에게는 필요합니다.

비교
버리기

자존감과 자신감의 차이가 무엇인지 아시는지요? 자존감은 스스로가 자신을 긍정적으로 생각하는 것입니다. 자존심은 남과 비교하여 굽히지 않고 스스로 지키고자 하는 마음입니다.

남보다 자신이 못하다는 생각이 들면 자존심이 상한다는 말을 합니다. 살아가면서 타인과 비교하면 자존심 상할 일이 참 많습니다. 그런데 우리는 타인과 비교하는 이런 습관을 버려야 합니다. 굳이 남과 비교해가며 자존심을 상하게 할 필요가 있을까요?

소신만 있다면 나는 나이고, 너는 너일 뿐입니다. 비교가 빠지면 지금의 키, 외모, 생김새, 소유 차량, 집 등 모든 것이 그 존재만으로도 기쁨이 될 수 있습니다. 다른 사람의 존재감, 그리고 그 사람이 소유한 것들이 자신의 존재감과 소유한 것들보다 더 좋은 것이라고 생각하며 비교하고, 또 그렇게 믿고 있기 때문에 자신이 더욱 초라해지고 슬퍼 보이는 것입니다.

자신을 바라보고 있는 그대로 긍정적으로 평가해주고 가치가 있는 존재로 인정해주면 마음이 편안해지고 충분히 행복해질 수 있습니다.

잡생각
버리기

미국 과학자들의 연구에 따르면 사람들은 한 시간에 2,000가지를 생각하고 24시간 동안 대략 5만 가지를 생각한다고 합니다. 그래서 오만가지 생각이라는 말이 생겼다고 합니다.

쓸데없고 부정적인 생각은 자신을 혼란스럽게 만들어 실패를 가져오게 할 수 있습니다. 이렇게 머리를 아프게 하고 실패를 가져올 수 있는 잡생각을 멈추고 싶거나 버리고 싶어도, 이게 말처럼 쉽게 되지 않습니다. 생각을 멈추려는 생각을 하는 순간 벌써 머릿속에서는 그 생각이 또 자리를 잡게 되기 때문입니다. 그런데 잡다한 생각이 많다는 것은 자신의 몸이 할 일이 없거나 정신이 어딘가에 집중하지 않거나 몰입하고 있지 않다는 것을 나타낼 수도 있습니다.

잡생각을 버리고 싶다면 지금 바로 몸을 힘들게 움직여 보는 건 어떨까요? 예를 들어 오르막 등산을 가는 겁니다. 힘들게 산을 올라가다 보면 빨리 정상에 도착하고 싶다는 생각뿐 다른 생각을 할 겨를이 없습니다. 다른 것을 생각하기엔 내 몸이 지금 너무 힘이 듭니다. 격하게 운동을 하는 것도 마찬가지입니다. 운동 자체에 몰입해야만 제대로 된 운동이 가능합니다.

잡생각을 통해서는 효과적인 운동을 할 수 없습니다. 잡생각을 버리고 싶다면 한가한 자신의 몸을 움직여 보십시오. 지금 바로 대청소나 운동, 내 몸 가만히 두지 않기를 추천합니다. 생각만 하지 말고 직접 오감으로 느끼면 생각의 정리가 수월해집니다.

'나중에'를
버리기

　꿈을 늦추고 기회를 빼앗고 꿈을 잃게 만드는 '나중에'라는
단어가 있습니다. 실패한 사람들의 공통점은 입버릇처럼 쓰
는 이 '나중에'라는 단어를 자주 사용한다는 것입니다.

　"같이 해볼까?"라는 물음에, "아니, 나중에!"로 답하며 자신
에게 온 좋은 기회를 놓치게 되는 경우가 많습니다. 주춤거리
면 성질 급한 기회는 달아나 버립니다. '나중에'라는 말은 자
신의 삶을 후퇴시키거나 절망으로 몰아가거나 실패하게 하는

치명적인 습관언어입니다.

꿈을 이루고 성공한 사람들의 공통점은 '지금'이라는 단어를 자주 사용하며 그 단어에 어울리는 말과 행동을 합니다. 우리는 성공을 부르는 단어 '지금', '지금'을 외쳐야 합니다. 말을 한다는 것은 그 외침의 소리를 자신이 가장 먼저 듣게 되고, 자신의 마음에 긍정의 씨앗을 뿌리는 결과를 가져옵니다. "지금 바로 하자!"고 하면, 기회를 떠나보내려고나 하는 듯 자신의 여러 환경을 핑계삼으며 애를 씁니다.

"아직 준비가 안돼서……."

"실력이 부족해서……."

지금 바로 실천할 때, 그것은 동시에 준비가 되어 있다는 뜻입니다. 그리고 실력도 쌓게 됩니다. 뒤로 미루는 습관을 버리는 방법은 지금 바로 실행하는 것입니다.

,,

자신을 가만히 들여다보며
대화를 나누어야 합니다.
나는 누구인지,
무엇을 좋아하고,
무엇을 잘하며,
무엇에서 행복을 느끼며,
어떠한 성격의 소유자인지,
진정 나 자신이 추구하고자 하는 것은 무엇인지,
'나'라는 사람에 대한 답을 찾아야 합니다.

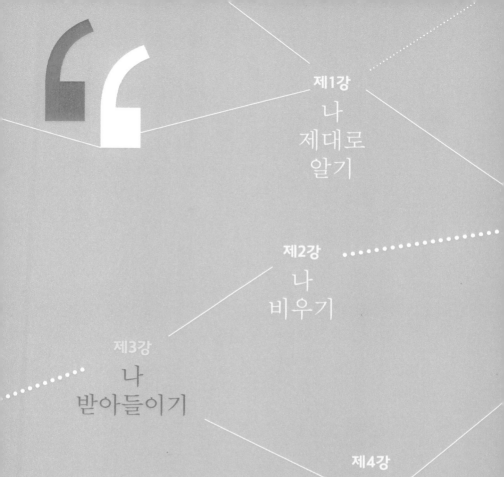

순리대로
하기

힘들다고 포기하지만 말고, 멈추지 않고 계속 가면 됩니다. 가다 보면 길이 나올 것입니다. 인생은 속도가 아니고 방향이라고 하는데, 천천히 돌아 돌아서 가더라도 제대로 도착했다면 참으로 반가운 일일 것입니다.

살아가면서 느낀 것이 있다면 두 마리 토끼를 동시에 잡는다는 것은 절대 쉬운 일이 아니라는 점입니다. 어쩌면 그런일이 일어날 수 없는 것인지도 모릅니다. 편안하게 있으면서 무엇인가를 맞이할 수 있다면 얼마나 좋겠습니까만, 세상만사 대부분의 일들은 그렇지가 않았습니다. 때로는 막힐 때도 있고 그래서 돌아가야 할 때도 있었습니다. 힘들 때도 있었고, 몸과 마음이 동시에 아플 때도 있었습니다. 그러나 그러한 것들을 원망하고 탓하기보다는 그냥 자신의 삶에 벗삼아 함께하는 것입니다. 살아가면서 슬픔이라는 벗도 만나보고, 행복이라는 벗도 만나보고, 아픔이라는 벗도 만나보고, 기쁨이라는 벗도 만나보는 것입니다. 이것이 삶을 살아가는 순리가 아닐까 생각합니다.

그리고 인생 선배님들이 이렇게 말씀하시더군요. 이것이 인생이라고 말입니다. 지나고 보면 그것들에는 하나하나 의미가 있게 됩니다. 순리가 싫다고 역주행하면 사고가 납니다. 과속하면 스티커를 받게 됩니다. 그러니 순리대로 받아들이며 살아가는 자세를 키워야 합니다.

위로하기

위로 받고 싶으세요? 위로 받고 싶은데 나를 위로 해줄 사람이 없으신가요? 그래서 더욱 슬프신가요? 꼭 타인이 위로를 해야만 하나요? 타인이 없으면 회복이 안 될까요? 혹시 내가 나를 직접 위로해본 적은 있으세요?

"괜찮다! 괜찮다! 괜찮다!"고 말이죠.

아픔이나 상처를 치유하고 달래는 방법에는 타인에게 이야기를 터놓고 공감을 얻고 위로 받는 방법도 있습니다. 하지만 자기위로도 효과적입니다. 그 누가 알아주지 않는다고 해도 자신이 알잖아요? 자신이 제일 잘 알고 있으니, 내가 나를 위로하면 됩니다. 자신을 알아주는 자기위로, "괜찮다."고 말해주기입니다. 용서라는 말 말고 그보다 먼저 다친 내 마음을 헤아려주고 위로해주는 것이 먼저입니다. 자신에게 말해주세요.

"괜찮다! 괜찮아!"

우리는 어쩌면 너나 할 것이 없이 위로가 필요할 수 있습니다. 위로받을 시간이 없거나, 위로해줄 사람이 없다고 하지 말고 지금 바로 자신을 위로해주십시오.

"괜찮다! 괜찮다!"

사람은 외롭고 힘들수록 의지할 수 있는 누군가를 찾습니다. 누군가를 원하지만 그 누구도 나의 마음을 채워주지 못할 수도 있습니다. 외로움을 달래기 위해서 누군가에게 의지하려 한다면 다시 외롭고 힘들 수밖에 없는 일이 생깁니다. 의지하며 채워졌던 공간은 언젠가 비워져 버리기 때문입니다.

외롭거나 힘들 때 의지할 누군가를 찾을 수도 있지만, 혼자서도 극복할 수 있는 힘을 길러야 합니다. 고독이나 투쟁도 스스로 견뎌낼 수 있는 힘이 필요합니다. 혼자서도 이겨낼 수 있어야 마음을 비워도 건강할 수 있습니다.

용서하기

    심리학 박사 프레드 러스킨은 용서는 평온한 감정인데, 나에게 상처를 준 사람에 대한 원망과 미움이 마음속에 가득 차 있다면, 즐거움과 행복을 느낄 여유가 없어지고 더 나은 즐거운 인생을 살 수 없다고 설명했습니다.

    용서는 노력해서 되는 것은 아니고 마음이 열려야 가능하다고 합니다. 마음이 열려야 평온함을 다시 받아들일 수 있지만, 마음을 열지 못하면 원망과 분노, 경멸, 집착이라는 고통을 밖으로 내 보낼 수가 없게 되고 자신은 그것들로 인해 더욱 힘들어지고 깊은 상처로 아파하게 됩니다.

하지만 용서는 생각만큼 쉽지가 않습니다. 말로는 다 용서했다고 하지만 문득 상처 준 그 사람이 떠올라 미워질 때, 상처받은 기억이 문득 떠올라 아픔이 살아나는 느낌이 들 때, 우리는 용서가 절대 쉬운 것이 아니라는 것을 알게 됩니다. 그래서 용서는 '인간이 할 수 있는 가장 위대한 일'이라고 말합니다.

용서는 자신에게 상처를 준 상대방을 위해서가 아니라 바로 나 자신을 위해서 필요합니다. 마음속에 자신에게 상처를 입힌 사람에 대한 미움과 원망이 가득 차 있다면, 즐거움을 느낄 여유가 없기 때문에 행복한 시간을 가지기도 어려워집니다. 내 인생의 현실에 충실하고 과거를 깨끗이 잊기 위해서라도 우리는 용서가 필요합니다.

관심 없는
열등감

자기 자신이 무능하고 무가치한 존재라고 생각하며 무의식 속에서도 자기를 부정하는 열등감은 스스로를 합리적이거나 이성적이지 못하게 하여 이상행동을 하게 하며, 항상 경쟁에서 자신은 실패할 거라는 생각에 사로잡히게 합니다.

열등감을 가진 사람들이 많습니다. 어떤 사람이 자신이 열등감이 있다고 말합니다. 무엇인지는 말하지 않습니다. 혹시 당신은 그 사람의 열등감이 무엇인지 종일 고민하시겠습니까? 아니면 심히 궁금해 하시겠습니까? 이것입니다. 우리 주위의 사람들은 타인의 열등감에 크게 관심이 없다는 것입니다. 각자가 살아가기 바쁩니다. 상대방의 열등감보다는 타인의 장점이나 능력에 관심이 많습니다. 그러나 그 관심 없는 열등감에 집착하는 사람이 있습니다. 바로 자신입니다. 타인들은 관심도 가져 주지 않는 자신의 열등감에 혼자 빠져서는 자신의 강점을 보여줄 수 있는 기회를 자꾸 놓치게 됩니다.

　사람들은 타인의 열등감에 관심이 없다는 것을 기억해야 합니다. 그러니 이제 열등감으로 스트레스 받을 필요 없습니다. 열등감을 내려놓고 열등감을 향한 집착을 멈추어야 합니다. 열등감을 느끼는 그 시간을 자신의 강점과 능력에 집중하여 자신의 강점을 보여주려고 노력하는 데 쓰는 모습이 필요합니다.

해결 가능한
걱정만 하기

캐나다의 심리학자 어니 젤리스키는 자신의 저서 〈모르고 사는 즐거움〉에서 걱정의 40%는 절대 현실로 일어나지 않고, 걱정의 30%는 이미 일어난 일에 대한 것이며, 걱정의 22%는 사소한 고민에 해당하고, 걱정의 4%는 우리 힘으로는 어쩔 도리가 없는 일에 대한 것이라고 전합니다. 또한 걱정의 4%만이 우리가 바꿔놓을 수 있는 일에 대한 것이라고 합니다. 즉 사람들이 생각하는 96%의 걱정은 쓸데없는 걱정이라는 뜻입니다. 96%의 쓸데없는 걱정을 하느라 우리는 스스로 해결할 수 있는 4%의 걱정을 해결하지 못하고 있습니다.

이제는 바뀌어야합니다. 자신이 해결할 수 있는 4%의 걱정에 대해서 고민하고 해결책을 찾는 현명하고 지혜로운 행동을 하는 자신으로 바뀌어야 합니다. 지나친 걱정으로 다가온 기회를 안타깝게 놓치는 자신으로 만들어서는 안 됩니다.

세계적으로 유명한 치유심리학자 브렌다 쇼사나는 걱정거리의 90%는 일어나지 않는다고 전합니다. 그러니 이제부터 걱정의 감옥 속에 걱정투성이로 자신을 가두지 마시고 잘 해결될 수 있는 긍정의 생각과 자세로 자신의 걱정들을 유연하게 사고하는 사람이 되어야 합니다.

연연하지
말기

    자신의 선택을 믿는 것이 삶의 태도에 있어 매우 중요합니다. 사람들이 좋다고 하는 그 말에 따라가는 것보다는 소신껏 자신감 있는 선택을 해야 합니다. 사람들이 반대하더라도 주위 사람들의 평가에 연연하지 말고 자신의 선택을 믿어야 합니다. 자신의 삶은 자신이 만들어 가고 자신이 지켜나가는 것입니다. 자신의 행복도 성공도 스스로가 만들고 지켜나가는 것입니다.

이쪽으로도 저쪽으로도 방향을 잡지 못하는 오뚝이가 되지 마십시오. 자신의 소신대로 신념대로 밀고 나가야 합니다. 가끔 어떤 사람의 비판이나 비평에 상처 받아 쉽게 포기하지 마십시오. 나에 대해 제대로 잘 알지도 못하고 그냥 쉽게 던진 말에 무게를 두지 마십시오. 그 비판도 결국은 나를 관찰하고 관심 갖고 지켜보겠다는 격려의 말이라고 긍정적으로 해석하고 묵묵히 하고자 하는 일을 진행하면 됩니다.

그리고 인간관계에서도 나와 타인의 거리를 뜨거운 난로처럼 대하십시오. 너무 가깝지도 너무 멀지도 않는 사이, 어느 누군가에게 연연하지 않는 그런 거리가 실망감도 주지 않으며 자신을 지켜주는 좋은 거리가 됩니다.

받아들이기

받아들임은 절망이나 고통 상태에 놓여 있는 상황에 대한 자신의 태도를 말합니다. 우리 인간은 신이 아니기에 부족한 존재임을 받아들일 필요가 있습니다. 그리고 자기 뜻대로 되지 않는다고 너무 걱정만 하지 말고, 반대로 좋은 일이 생겼다고 날 뛰듯 너무 기뻐해서도 안 됩니다. 뜻대로 안 된 일이라 해도 정성과 최선을 다하면 다시 뜻대로 잘 될 수도 있지만, 좋은 일이라고 자만하게 되면 실패할 수도 있습니다. 못나간다고 너무 슬퍼할 필요도 없고 잘나간다고 너무 지나친 잘

난 체도 곤란합니다.

받아들임의 차이에 따라 행복을 느끼는 감정도 달라집니다. 절망과 고통의 상황을 원망하고 한탄하지 말고, 절망과 고통을 지혜롭게 극복하는 태도가 필요합니다. 최악의 상황을 받아들이면 오히려 최상의 것을 발견하기가 쉬울 수 있습니다. 최악의 상황에 직면하여 이겨낸 사람이 더 많이 성장합니다. 최고의 기회는 최악의 상황에서 만들어진다는 말처럼, 존 맥스웰은 〈승리자는 포기하지 않는다〉에서 모든 기회에는 어려움이 있으며, 모든 어려움 속에 기회가 있다고 서술하였습니다.

자신만의 에너지를 발견하고 그 에너지를 통해 가치를 깨닫게 되는 순간, 새로운 기회의 도전도 시작됩니다. 조건이 나쁘더라도, 자신의 강점 에너지로 실행한다면 최상의 결과를 만날 수 있게 됩니다. 모든 상황을 어떻게 받아들이냐가 참으로 중요합니다. 아무리 좋은 말이라도 비꼬아 들으면 자신에겐 독설로 들립니다. 그러나 독설이지만 잘 받아들이면 오히려 나 자신에게 긍정의 답이 될 수도 있습니다. 지금부터 이 상황을 받아들이는 연습부터 시작하시면 됩니다.

내려놓는
용기

오늘 하루도 우리는 다가올 미래에 대한 불안과 고민으로 한숨을 쉽니다. 그렇지만 불안과 고민거리는 당장 아직 눈앞에 오지 않는 미래의 일입니다. 현재가 아닌 다음 일어날 수 있는 일인데도 걱정하고 사는 사람들이 있습니다. 이 사람들은 미래에 벌써 잡힌 사람들입니다.

과거에 대한 미련과 후회로 하루를 살아가는 사람들도 있습니다. 이 사람들은 과거에 사로 잡혀 사는 사람들입니다. 과거를 추억할 수는 있지만 지나간 것을 되돌릴 수는 없습니다.

　미래에 대한 계획을 세울 수 있지만 미래의 염려를 지금 해결할 수는 없습니다. 그럼에도 과거와 미래 사이에서 과거의 상처와 후회, 미래에 대한 불안으로 사는 사람들이 있습니다. 근심과 염려가 문제를 해결할 수 없습니다. 과거와 미래 어느 것 하나 중요하지 않은 것이 없지만, 과거와 미래에 매달려 오늘 하루에 충실하지 못한다면 거의 후회와 미련으로 하루의 불안과 고민으로 어두운 미래의 종점에 도달하게 됩니다.

　오늘 하루 불확실한 미래에 대해 고민하기보다 충실하게 하루하루를 즐기며 보낸다면 미래에 대한 불안은 없을 것입니다.

회복하기

자신에게 힘든 역경과 시련이 닥치면 세 사람 중에 두 사람은 무너지거나 주저앉습니다. 한 명만이 역경과 시련을 이겨내는 강한 내성을 지니고 있습니다. 그 강한 내성을 '회복탄력성'이라고 합니다.

당신은 무너지는 두 명에 속합니까? 이겨내는 한 명에 해당되십니까? 역경을 이겨내는 강한 힘을 가지고 계시나요?

자신에게 힘든 역경과 시련이 닥쳤을 때에 두 사람은 무너지거나 주저앉아서 "왜 나에게 이런 일이 일어나지?" 하며 슬퍼합니다. 평소에 힘든 일을 만나면 주저앉아서 "왜 나에게 이런 일이……."라고 말하며 주저앉으시나요? 아니면 그 상황을 이겨내고 계시나요?

우리는 힘든 상황을 잘 이겨내고 버텨야 한다는 것을 알고 있습니다. 생각은 그러하지만 삶의 실전에서는 그렇지 못한 경우가 더 많습니다. 회복탄력성 지수를 높이는 훈련 중 하나는 긍정적으로 감사하는 마음 갖기입니다. 지수가 낮은 사람들에게 감사한 일을 물어보면 쉽게 답을 하지 못합니다. 하지만 지수가 높은 사람들은 사소한 것 하나에서도 감사한 마음을 갖습니다. 자신의 몸이 건강한 것에, 직장이 있는 것에, 먹을 수 있는 것에, 아이들이 건강한 것에, 돌아갈 집이 있는 것 등 주위를 들러보면 감사할 일이 참으로 많습니다.

지금부터라도 조금씩 감사할 일을 찾아서 감사의 글을 쓰기 시작하면 세상은 달라져 보입니다. 역경에도 버텨낼 수 있는 더 큰 힘이 생겨납니다.

정신병자

앨버트 아인슈타인 박사가 정신병자를 이렇게 정의했습니다.

"정신병자란 똑같은 방법을 반복하면서 다른 결과가 나오기를 기대하는 사람이다."

자신이 하는 일은 똑같이 반복하면서 그 상황은 달라지거나 나아지기를 바라는 사람을 두고 하는 말입니다. 이런 이기적인 발상을 우리는 버려야 합니다.

혹시 매일 저녁 야식을 먹으며 "아, 살을 빼야 되는데……!" 하시는지요? 늘 똑같이 밥 두 그릇을 먹으면서 내일은 살이 빠지기를 희망하는 것은 미친 생각과 같다는 것입니다. 자신이 하는 업무를 매일 똑같이 반복만 하고 있으면서 급여가 인상되기를 희망하거나 승진하기를 원한다면 정신병자라고 할 수 있습니다.

혹시 자신의 모습이 아인슈타인 박사가 정의한 사람의 모습과 흡사하다면 달라져야 합니다. 나아지기를 원한다면 지금 상황보다 더 좋은 상황을 꿈꾸신다면 생각만으로는 어림없습니다. 어제와 다른 그 무엇인가를 내일은 오늘보다 좀 더 열정을 쏟고 에너지를 쏟으며 실천해야 가능합니다.

좋아하는 것을 가지려면
싫어하는 것을 해야 한다

"내가 가장 좋아하는 것은 가야금 연주이지만, 내가 가장 싫어하는 것은 가야금 연습이다."

이런 말씀을 하신 가야금 연주자가 있습니다. 그분은 가야금으로 아주 유명하십니다. 연주를 잘하시기 때문이겠죠. 힘들고 고된 연습시간을 인내하고 해내셨기에 최상의 연주가 가능했다고 생각합니다. 피나는 연습을 통해서만이 우리는 훌륭한 연주를 들을 수 있습니다.

노력해서 일하지 않고 성과급이나 대가를 기대할 수는 없습니다. 김연아 선수도 박지성 선수도 힘든 훈련을 늘 좋아하지만은 않았을 겁니다. 훈련하기 싫을 때가 분명 있었을 테지만 참고 인내하고 끝까지 해냈기 때문에 그들은 좋은 결과를 가질 수 있었던 것입니다.

자신이 원하고 좋아하는 것을 가지기 위해서는 그 과정에서 오는 어려움을 극복할 수 있어야 합니다. 우리가 지금 이렇게 때론 힘들고 때론 싫은 일도 마다 않고 하는 이유는 바로 우리가 원하는 것을 가지기 위해서입니다.

나는
행복한 사람

때로는 속상한 일을 하소연 하고 싶은 마음에 주위 사람들에게 대화를 나누러 가서는 먼저 말을 꺼냅니다. 그런데 듣고 있던 상대방이 갑자기 끼어들며 더 힘들었던 자신의 경험을 말하는 경우가 있습니다.

"야! 너 그건 아무것도 아냐!"

말하러 갔다가 오히려 듣고 오는 경우입니다. 너보다 내가 더 고생했다는 말을 상대방은 하고 싶은 거겠죠. 말하고 하소연하러 갔다가 오히려 듣기만 하고 돌아와서 더 답답하다는 생각을 이렇게 바꾸어 생각해보십시오. "나는 그 사람에 비해 덜해서 다행이다."라고 말입니다.

나만 힘들게 사는 줄 알았는데, 나만 그런 일 겪는 줄 알았는데 알고 보니 나뿐만 아니라 대부분의 사람들은 나처럼 힘든 경험을 하며 살아가고 있는 것입니다. 자신에게 위로가 됩니다. 버텨낼 수 있는 힘이 생겨납니다.

"넌 나보다는 나아!" 라는 말을 듣는다면 참 다행스러운 것인지도 모릅니다. '아~, 나는 그나마 다행이구나. 나는 행복한 사람이구나!.라고 생각하면 마음이 편안해집니다.

거울 보며
해야 할 말

거울을 쳐다보면 그 속에 무엇이 보이시나요? 물론 자신의 얼굴이 보이겠지요. 그런데 못생긴 코가 눈에 들어오나요? 여드름만 눈에 보인다구요? 그럼 거울을 볼 때마다 인상을 찡그리거나 우울해하며 스트레스를 받고 계시겠군요.

거울을 통해 얼굴의 다른 곳을 보니 괜찮은 부분도 있습니다. 그 부분을 중점적으로 보면서 이렇게 말해주세요. 웃으면서 말해주세요.

"넌 눈이 참 예뻐!"

"넌 코가 참 멋있어!"

"네 입술은 앵두 같아!"

"넌 미인이야."

"넌 피부가 아기 피부야!"

"넌 잘 생겼어."

"넌 멋있어!"

"넌 능력 있어!"

"넌 할 수 있어!"

"난 널 믿어!"

거울을 통해 자신의 부정적인 면만 보면 슬퍼지거나 스트레스를 받아 거울도 보기 싫어집니다. 그렇다고 해서 "더 이상 넌 안 돼!"라는 말은 하지 마십시오. 스스로에게 한계를 만드는 말입니다. 당신은 충분히 예쁘고 잘생겼고 훌륭합니다. 거울을 통해 긍정의 자신을 보십시오. 거울도 자주 보아야 더욱 예뻐지고 멋있어집니다.

에너지 충전의
쉼

대나무는 다른 나무와 달리 속이 비어 있습니다. 하지만 속이 비어 있는 대나무가 휘어지지 않고 곧게 자랄 수 있는 이유가 있습니다. 대나무의 줄기에 있는 '마디'가 그 이유입니다. 대나무는 줄기 중간 중간의 마디들이 일정한 간격으로 끊어주기 때문에 올곧게 자랄 수 있게 합니다. 대나무는 일정기간 성장을 하고 나면 잠시 성장을 멈추고 다음의 성장을 위해 힘을 모읍니다. 일종의 충전시간을 갖습니다. 그런 뒤에 힘이 생겼을 때에 또 하나의 마디를 만들어 냅니다. 이 마디의 힘이 대나무를 더 올곧게 만들고, 하늘 높이 우뚝 솟게 합니다. 대나무의 마디가 없다면 얼마 자라지도 못하고 좌우로 휘청거리다가 자신의 무게를 이기지 못하고 넘어지고 부러질 것입니다.

알 수 없는 미래에 적응하기 위해서는 끊임없이 자기계발을 하고 노력하는 것이 맞지만, 대나무처럼 마디를 만들기 위해 잠시 쉼표를 찍을 때도 있어야 합니다. 그러나 기약 없는, 목표가 없는 쉼은 곤란합니다. 쉼은 다음을 위한 에너지 보충 전략 차원의 쉼이어야 합니다. 대나무처럼 올곧고 바르게 성장하기 위해서 에너지 충전의 쉼표 일정도 함께 정해두십시오. 그냥 생각 없이 늘어진 쉼이 아닌 쉼표는 멈추는 것이 아니라 다음 성장을 위한 디딤돌입니다.

슬픔
받아들이기

영화 〈인사이드 아웃〉을 보면 기쁨, 슬픔, 버럭, 까칠, 소심의 다섯 가지 다양한 감정들을 만나게 됩니다. 그런데 우리가 행복한 인생에 필요한 감정은 기쁨이라고 생각하고 늘 기쁨을 곁에 두려고 합니다. 반면 슬픔은 참거나 숨기려고 하는 경우가 많습니다. 그런데 중요한 것은 이런 다양한 감정이 우리가 살면서 모두 경험해야 할 것들이라는 점입니다.

심리학에서 모든 감정에는 동기가 있고 그 감정들이 연결되면서 사회적 감정도 느끼게 된다고 합니다. 감정을 숨기거나 무시하지 말고 슬플 땐 충분히 슬퍼해야 합니다. 그래야 다시 일어나거나 시작하고픈 마음이 생깁니다. 슬픔이란 감정은 마음껏 슬퍼하면서 자신의 행복을 찾는 것 아닐까요? 행복한 삶을 위해서는 슬픔을 외면하거나 슬픔을 잊어버리는 것이 아니라 슬픔도 받아들여야 합니다. 슬픔을 잊어버리고 모른 다면 기쁨도 제대로 느끼지 못하지 않을까요?

　매일 매일의 날씨가 맑기만 하면 세상은 사막이 됩니다. 하 지만 가끔씩 내려주는 비로 인해 땅은 더욱 단단해지고 세상 의 환경이 균형을 이루게 됩니다. 자신의 감정에 기쁨을 극대 화하기 위해 슬픔을 부정으로 생각하지 말고 긍정으로 받아 들이며 슬픔을 받아들이는 것입니다. 오늘 나의 슬픔을 받아 들이고 충분히 슬퍼해주기. 지금 슬퍼해도 괜찮습니다. 그 슬 픔을 통해 더 큰 기쁨을 만나게 됩니다.

셀프보상
나아지지 않으면 멈춘 것이 아니라
밀리고 있는 것이다

절제하는 것도 채움이다
긍정적인 언어습관
눈만 뜨지 말고 의식도 뜨는 하루의 시작
셀프 정서소통
긍정의 믿음
일상이 배움이다
배우며 깨우치기
심칠뇌삼 인명재심
약롱중물
지금의 것이 소중하다
인생은 속도가 아니라 방향이다
자나 깨나 입조심 닫힌 귀도 다시 달자

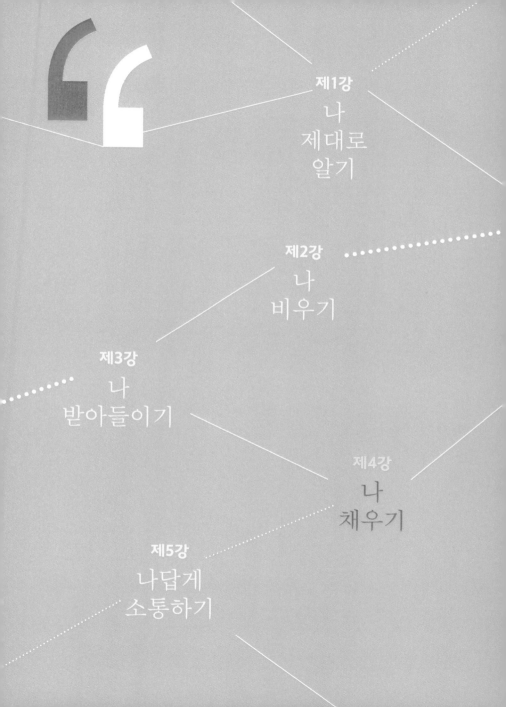

셀프
보상

질문하나 드리겠습니다.

"열심히 살아가는 자신에게 무엇으로 보상하고 있는가?"

이 질문에 바로 들려주실 답이 떠오르시는지요?

오늘 열심히 사셨습니까? 이번 한 주 열심히 일하셨습니까?

목표를 향해 꾸준히 노력하고 계신다구요? 그럼 열심히 잘 하고 있다고 칭찬해 줘야 합니다. 계속해서 더 잘하라고 중간 보상 해주는 겁니다. 젊음을 너무 믿지 마십시오. 젊음의 시간은 잠시이며, 아플 수도 있고 힘든 일도 있을 수 있습니다. 결과가 이루어질 때까지 기다리고 참고 달려가기만 한다면 에너지가 소진되어 중간에 지칠 수도 있습니다. 막상 결과를 만난 그때는 진정 기쁨을 누릴 수 없을지도 모릅니다.

자신에게 지치지 않게 에너지, 즉 보상을 주는 것이 필요합니다. 보상은 자신이 좋아하고 원하는 것이면 됩니다. 그리고 기대하거나 기다리지 말고 자신 스스로 직접 보상해 주는 겁니다. 이를테면 맛있는 음식이 될 수도 있고, 가까운 여행을 다녀오는 것이 될 수도 있고, 예쁜 옷 한 벌이 될 수도 있습니다.

잘하고 있다고 중간 중간에 칭찬해 주는 보상은 에너지가 되어 계속해서 더 잘할 수 있게 도와줍니다. 오늘부터 열심히 사는 나 자신에게 특별한 중간 보상, 셀프보상으로 실천하시기 바랍니다.

나아지지 않는다면
멈춘 것이 아니라
밀리고 있는 것이다

가다가 그냥 잠시 멈추어 있다고 해서 그 자리에 계속 있다는 착각을 하지 말아야 합니다. 당신이 멈추고 있을 때 누군가가 당신의 앞에 서 있을 수 있습니다. 당신이 멈추고 있는 그 시각 누군가는 앞으로 나아가고 있습니다. 당신이 잠만 자고 있거나 TV 리모컨에 의지하고 있을 때, 경쟁자의 책장이 넘어가고 있다면 당신은 비록 제자리에 있다고 하지만 실제로는 뒤로 처지고 있는 것입니다. "좀 쉴까!" 하는 생각이 나를 푹 쉬게 할 수도 있습니다. 쉼을 가진다 해도 한편으로는 다음에 대해 생각을 해야 합니다.

금메달과 은메달의 차이는 0.001초입니다. 아주 작고 사소한 차이에 메달의 종류가 달라집니다. 이 사소한 차이가 다른 결과를 불러옵니다. 사소하지만 크게 다른 결과의 차이를 만들기 위해 당신은 무엇을 하고 계시나요?

주말이면 쉼을 위해 이불 속에서 뒹굴고 있거나 소파에 앉아 리모컨을 눌러대는 일이 우리의 일상입니다. 그러나 잊지 말아야 합니다. 이불 속에서 뒹굴고 소파에서 리모컨을 누르고 있을 주말에도 그 누군가는 열심히 차이를 좁히고 있다는 사실을 잊어서는 안 될 것입니다. 자신의 지적인 진보가 없고 상황이나 하는 일들이 나아지지 않는다면 그것은 멈춰있는 것이 아니라 후퇴하고 있는 것입니다.

<채근담>에 의하면 한가할 때 시간을 헛되이 보내지 않으면 바쁠 때 그 덕을 볼 수 있고 얼빠진 듯 멍청하게 있으면 그 덕을 볼 수 없다고 합니다. 주말에도 에너지를 충전하고 이루고자 하는 일에 몰두하고 노력할 필요가 있습니다. 주말은 어쩌면 당신에게 주어진 황금의 시간일지도 모른다는 사실을 잊지 말아야 합니다.

절제하는 것도
채움이다

인생의 방향을 결정하는 것은 태도입니다. 무엇으로 인생을 채울 것인가를 결정하는 것 또한 자신의 태도에 달려 있습니다. 좋은 태도는 인생을 올바른 방향으로 나아가게 하고, 행복이라는 열매를 거둘 수 있도록 합니다.

좋지 않은 태도는 삶을 실패와 고통으로 안내하며 희망의 빛을 기약할 수 없게 만듭니다. 좋지 않은 태도를 가지게 되는 데는 여러 가지 요소들이 있습니다. 타고난 성격적 문제일 수 있고, 환경과 상황적 스트레스로 인한 습관화된 경우일 수도 있습니다. 표현하지 않은 수많은 원인들로 인해 좋지 않은 태도를 가지게 되는데, 그 원인의 근원은 바로 마음에서 시작됩니다. 자기절제의 실패는 마음속 유익한 것과 해로운 것을 구별하지 못하는 데서 비롯됩니다.

사랑에 빠진 사람은 사랑하는 사람을 통해 세상을 아름답게 봅니다. 부와 명예에 취한 사람은 부와 명예로써 아름다운 세상을 그립니다. 술에 취한 사람은 술로써 세상을 이해하려 합니다. 깊이 빠진다는 것은 자신에게 유익한 것인지 해로운 것인지를 헷갈리게 만들기도 합니다. 무언가에 너무 오래 빠져 있으면 거기서 벗어나 쉽사리 제자리로 돌아가지 못하게 만듭니다. 마음속에 담아 놓은 것들을 꺼내어 적어보면서 진정 원하는 것이 무엇이며 마음이 어떤 상태인지를 늘 확인해야만 그 가운데 유익한 것과 해롭고 나쁜 것을 구별할 수 있습니다. 유익한 습관이 뿌리내리면 자기절제의 훌륭한 거울이 되어줄 것입니다.

긍정적인
언어습관

미국 예일대 심리학과 존 바그 교수는 사람은 어떤 단어에 노출되면 뇌의 일정 부분이 자극을 받고 무엇인가를 할 준비를 하게 된다고 합니다. 특정 단어는 뇌의 특정 부분을 자극해 자신도 모르게 행동하게끔 하는데, '움직이다'란 동사를 읽으면 뇌는 의식적으로 행동하는 준비를 한다고 합니다. 말에도 에너지가 있어 그 말의 에너지에 따라 몸이 움직이고 변합니다. 따라서 말, 즉 언어단어 사용이 중요합니다.

어떤 상황을 두고 피곤하고 짜증난다고 생각한다면 말도 "피곤해!", "짜증나!"라는 말을 자주 쓰게 됩니다. 그리고 행동은 축 늘어져 의욕이 없어 보이는 행동을 보이게 됩니다. 그런데 같은 상황을 견딜 만하다, 버틸 수 있다고 생각한다면 말은 "괜찮아!", "할 수 있어!"를 하게 됩니다. 행동은 의욕적이고 적극적인 행동으로 보이게 됩니다.

살면서 아무런 문제도 갖고 있지 않는 사람은 이미 인생이란 경기에서 제외된 사람입니다. 그런 상황 속에서도 우리는 살면서 습관적으로 '뭐가 문제냐, 뭐가 잘못됐냐?'를 생각하기보다 '뭐가 잘 되고 있지?, 뭘 잘 하고 있는가?' 쪽으로 생각하고 말하면 거기에 맞는 행동과 결과가 나타나게 될 것입니다.

생각이 언어와 행동을 지배합니다. 긍정적인 사고로 긍정언어는 물론 긍정적인 행동까지 이끌어 자신의 삶을 긍정적으로 버텨 나가는 자신을 만드는 생각과 언어 그리고 행동이 필요합니다.

눈만 뜨지 말고
의식도 뜨는 하루 시작

아침에 눈을 뜨고 생각 없이 늘 하던 대로 화장실로 향하고 계시나요? 아니면 주방으로 걸어가 식탁 의자에 앉아 숟가락을 들고 계시나요? 하루의 일을 별 생각 없이 멍하니 그렇게 또 시작하십니까? 깨어나야 합니다. 무의식의 상태에서 의식의 상태로 깨어날 때 아침에 제대로 깨어나는 겁니다. 눈을 뜨고 발을 바닥에 딛는 그 순간 마음속으로 크게 다짐하며 외치면 됩니다.

"오늘은 꼭 고객 10명을 만나야지!"

"오늘은 좀 더 맛있는 아침 준비를!"

"오늘은 더욱 멋지게!"

　이렇게 하루 삶의 목표를 마음속으로 외치는 순간, 진짜 우리의 정신은 잠에서 깨어납니다. 오늘 아침 눈을 뜨면서 아무 생각 없이 시작했다면 오늘은 여전히 생각 없이 하루를 보내고 있는 것입니다. 하루하루 보람 있고 뜻 깊은 자신의 삶을 위해 자신을 멍하게 만드는 잠에서 깨어나고, 멋진 하루를 위해서 또 한 번 깨어나는 매일 아침이 되어야겠습니다.

셀프
정서소통

일터는 무서운 전쟁터!

직장 동료는 말 안 통하는 진상들만 모여 있다고 생각한다면, 일터로 출근하는 나의 정서는 늘 불안하고 공포와 슬픔, 원한으로 지속되어 근무하는 내내 힘이 들게 됩니다. 아침에 눈을 뜨고 창문으로 비치는 햇살을 보며 출근하는 어떤 이는 "날씨 참 좋네!"라고 말합니다. 그런데 또 다른 어떤 이는 그 햇살을 보며 "날씨 더럽게 좋네!"라고 말합니다. 같은 상황을 바라보지만 사람들은 달리 생각하고 달리 말합니다. 날씨가 참 좋게 느껴지고 말하는 사람은 하루 일을 하면서도 참 좋은 하루를 보내려 노력합니다. 그러나 날씨가 더럽게 좋다고 말하는 사람은 일을 하면서 내내 좋은 날씨에 일하고 있는 자신을 부정하고, 일을 부정하며 신세 한탄하는 하루를 보낼 것입니다.

행복한 일터를 선호하고 만들어가는 것은 거창한 것이 아닙니다. 자신이 다니는 회사가 대한민국 일류일터라고 생각하면 나는 일류일터의 인재로 기분 좋게 행복한 기분으로 일하게 됩니다. 그러나 자신이 다니는 일터가 형편없는 일터라고 생각한다면 자신 또한 형편없는 직원이고 불만과 불평만 늘어놓고 퇴근하는 일터가 될 것입니다. 오늘 아침 출근하기 위해 눈을 뜨고 바라본 햇살은 자신에게 어떤 햇살인지 자신의 일터는 어떠한 일터인지는 자신이 만들어 간다는 것을 우리는 기억해야 합니다.

긍정의
믿음

　사람은 자기가 믿고 싶은 것을 믿는데, 그 믿음으로 행복해질 수도 있고 불행해질 수도 있습니다. 실패할 것이라고 믿으면 실패의 불행이 찾아옵니다. 그러나 성공할 것이라는 믿음이 있으면 행복이 찾아올 것입니다. 행복은 저절로 찾아오지 않습니다. 자신의 긍정적인 믿음으로 만들어내야 찾아옵니다.

　자신이 가진 믿음이 어떤 것이냐에 따라 그 결과는 분명히 달라집니다.

"내가 이걸 하지만 잘 안 될 거야!"

이런 의구심은 아무 도움도 되지 못합니다.

"내가 이것을 하면 좋은 결과가 있을 거야!"

이런 믿음만이 원하는 결과가 되어 찾아옵니다.

우리의 긍정적인 믿음이란 바로 이런 것입니다. 우리는 잘될 것입니다. 우리는 계속 도전할 것입니다. 우리는 늘 행복할 것입니다. 사람 마음에 도전이 있을 때 확장되며 삶의 에너지가 충전됩니다. 믿음과 도전이 인생의 가치를 향상시킬 것입니다.

일상이
배움이다

　인간은 자신의 능력을 키우기 위해서 바쁜 일상을 쪼개어 여기저기 찾아다니며 배움의 기회를 갖습니다. 그 배움을 위해 따로 시간을 투자하고 돈을 투자합니다. 배움을 통해 우리는 개인의 능력을 키울 수 있다고 합니다. 하지만 먼저 배울 마음의 준비가 되어 있지 않으면 그 어떤 좋은 배움이라 하여도 자신에게 돌아오는 효과는 아주 미미할 것입니다.

　그런데 자신의 능력을 키워줄 수 있는 배움은 어디에 있는 것일까요? 자신의 능력을 키우는 배움은 한정된 곳에서만 이루어지는 것이 결코 아닙니다. 자신이 머무는 모든 곳이 배움의 기회를 갖게 하는 공간입니다. 너무 흔하고 일상적인 것들이라 눈여겨보지 못했던 좋은 배움들이 우리 주위에 많이 있습니다. 일상의 모든 것이 자신의 능력을 키울 수 있는 좋은 배움 거리가 될 수 있습니다.

유행처럼 퍼져가는 일시적이고 충동적인 배움은 진정한 배움이라고 할 수 없습니다. 그런 배움은 잠시 일시적인 편안함을 위한 것일 수 있습니다. 일상에서 배움이 이어지지 않으면 부질없는 헛된 삶입니다. 체험이 없는 말에 메아리가 없듯, 생활화되지 않는다면 아무런 도움이 될 수 없습니다.

배움이 나에게 늘 주어진 지금 이 순간을 놓치지 말아야 합니다. 지금의 자리에서 자기 자신답게 최선을 다하여 늘 배움의 자세로 임한다면 그 배움으로 우리는 육체보다 정신이 보다 더 성장하고 성숙해질 것입니다.

배우며
깨우치기

　한때는 같은 업계의 강사들이 부러워할 정도로 크고 넓은 교육장을 3개나 소유한 적이 있었습니다. 그러나 허세일 뿐, 크기와 규모에 집착해서는 안 된다는 것을 배웠습니다. 남들이 부러워하길 바라는 허세보다 실속이 중요하다는 것을 깨달았습니다.

　실상을 알면 집착하지 않게 되고 집착하지 않으면 고통에서도 벗어날 수 있게 됩니다. 직원이 많아 보이는 것은 필요 없습니다. 머릿수만 차지하고, 인건비만 축내는 인재가 아닌 직원은 필요 없음을 배웠습니다. 직원이 많아 보이고픈 허세가 저에게 고통을 준다는 것을 배웠습니다. 많은 인원이 있어도 직원 스스로가 자신의 일도 하나 제대로 해내지 못하고 있다면 그야말로 인력낭비입니다. 단 한 명이 있어도 뜻이 같고 제대로 일할 줄 아는 인재와 함께하는 것이 중요하다는 것을 배웠습니다.

아주 소중한 경험이었습니다. 배움에는 끝이 없습니다. 배우려고 하지 않으면 진보가 없습니다. 진보가 없다는 것은 제자리걸음이 아닌 퇴보입니다. 배움의 갈증을 계속 가지고 있다면 우리의 삶 속에서 다양하게 배울 수 있으며 그 배움은 삶의 질을 향상시켜줍니다.

심칠뇌삼心七腦三
인명재심人命在心

　운칠뇌삼 또는 심칠뇌삼이라는 말이 있습니다. 마음이 70% 두뇌가 30%를 차지한다는 뜻입니다. 마음을 바르게 쓰고 곱게 쓰는 사람에게 운이 따르고 성공도 따른다는 메시지 같습니다. 그렇다면 마음(心)을 어떻게 잘 써야 할까요? 가급적 편안한 마음, 긍정적인 마음으로 매사에 임하고, 사람을 대할 때도 거짓없이 진실하게 대하는 것입니다.

　허트포드셔대학교의 심리학 교수인 리처드 와이즈먼이 알

아낸 바에 따르면 운이 나쁜 사람들은 평소 많이 긴장하고 걱정하는 편이라 그런 불안감에 눈이 멀어 예기치 못한 요소를 알아보지 못한다고 합니다. 반면 운 좋은 사람들은 평소에 마음을 편히 먹기 때문에 더 많은 것이 보이고, 그래서 불행한 사건조차 긍정적 기회로 해석한다고 합니다. 따라서 스스로가 운 좋은 사람이 되기 위해 노력해야 합니다.

인명재천人命在天이라는 단어가 우리는 익숙합니다. 그런데 인명재심으로 살아가야 합니다. 암 환자들에게 가장 필요한 것은 편안한 마음가짐입니다. 치료를 잘 받아 나을 수 있다는 긍정적이면서 편안한 마음 말이죠. 의사가 환자에게 나을 확률이 30%라고 전하다면 이 상황을 긍정적으로 생각하면 그래도 좋아질 확률이 30%라도 있어서 다행이라고 생각할 수 있습니다. 그런데 나을 확률이 50%라고 전하니 그럼 죽을 확률도 50%나 된다고 생각하는 환자들도 있습니다. 그럼 치료에도 별 도움이 없을 수도 있다고 의사들은 말합니다. 어떠한 마음으로 임하느냐에 따라 자신의 삶도 인간관계도 달라짐을 기억하며 마음 관리에 열중해야겠습니다.

약롱중물
藥籠中物

약롱중물은 '약장 속의 약'이란 말로 '없어서는 안 될 필요한 인물', 즉 꼭 필요한 인물을 가리켜 말할 때 쓰이는 고사성어입니다. 자신만의 넓고 깊은 전문성으로 어디서든 꼭 필요한 인재가 되어야 합니다. 진정한 전문가가 되어야 어디든지 필요한 사람으로 인정받게 됩니다.

현대사회는 그 어느 때보다도 전문가를 필요로 하는 시대입니다. 지식이 많아지고 어디서든지 인터넷 검색을 통해 필요한 지식을 얻을 수 있습니다. 그러나 이런 지식은 전문적이기보다 보편적이라는 점에서 많이 알아보아야 별 이득이 없습니다.

　말콤 글래드웰이 쓴 〈아웃라이어〉에서처럼 어떤 분야에서 성공하거나 그 분야의 전문가가 되려면 1만 시간을 노력해야 한다고 전합니다. 또한 전문가로서의 혼(Spirit)이 있어야만 합니다. 혼을 갖고 있는 전문가들은 아무리 힘들어도 마다하지 않으며, 아무리 사소한 일이라도 대충하지 않습니다. 일종의 장인 정신처럼 자신이 하는 모든 행동에 대해서 뚜렷한 목적의식을 가지고 있습니다. 혼이 깃들어 있지 않은 전문가는 진정한 전문가로 평가받기 어렵습니다. 이들은 조금 아는 것을 많이 아는 것처럼 떠벌리며, 깊이가 없으면서 뭔가 있는 것처럼 꾸밉니다. 개인적 이득을 위해 일하면서 마치 일에 혼을 바치고 있는 것처럼 행동합니다. 그래서 얼마 되지 않은 시간에 그 가벼움이 드러나게 됩니다. 혼(Spirit)이 없는 전문가는 계절이 바뀌면 먹이를 쫓아 여기저기로 이동하는 철새처럼 유행하는 곳으로 이리저리 몰려다닙니다. 그렇지만 혼(Spirit)이 있는 전문가는 자신의 혼(Spirit)이 깃든 곳에서 항상 머물

러 있습니다. 자신의 분야에 더 깊이 일관성 있게 꾸준히 파
고든다면 진정한 전문가로 성장할 수 있습니다.

지금의 것이
소중하다

집에 명품 옷을 소장하고 있을 수 있습니다. 그렇지만 지금은 집에 두고 온 그 명품 옷보다 현재 입고 있는 옷이 더 소중한 옷입니다. 자신의 몸을 보호하고 있을 테니까요. 아무리 좋은 옷이라고 집에만 두고 있으면 소용이 없습니다. 지금 입지 않으면 명품의 옷도 의미가 없습니다.

은행에 돈이 많이 있어도 지금 이 순간 내 지갑에서 꺼내 쓸 수 있는 그 돈이 소중한 돈입니다. 넓은 땅을 소유하고 있어도 지금 내가 어떤 상황에서 필요할 때 사용할 수 없다면 그 넓은 땅도 의미가 없습니다.

톨스토이는 "이 순간이 가장 소중하고 지금 만나는 사람이 가장 소중하며 지금 하는 일이 가장 소중하다"고 말했습니다. 지금 이 순간 내 곁에 있는 것, 내 주위의 사람들에게 소중함을 느끼고 표현하십시오. 더욱 의미 있는 날이 될 것입니다.

인생은
속도가 아니라
방향이다

너무도 많은 사람들이 단기간 내에 성공하려고 합니다. 하지만 성공하기 위해서는 갖추어야 될 것들이 많습니다. 단기간 내에 노력 없이 이루어지는 일은 없습니다.

그런데 우리는 느긋하고 여유 있게보다는 빨리 빨리에 익숙합니다. 시간은 누구에게나 일정하지만 어떤 이의 마음속에는 늘 급하게 쫓깁니다. 빨리 그리고 성급한 행동에는 반드시 실수가 있기 마련입니다. 과거보다 오늘을, 오늘보다 미래를 위해 늘 겸손하고 성실하게 한 발 한 발 전진할 때 성공할 가능성이 높아집니다. 또한 그 방향을 정확하게 알고 가는 것이 중요합니다. 방향도 모르고 쉬지 않고 달려가면 낭떠러지를 만날 수도 있습니다. 열심히 노력했다고 해도 그 노력의 방향이 틀렸다면 우리가 원하던 결과의 반대를 만날 수도 있게 됩니다. 방향을 찾으십시오. 정확한 방향을 못 찾겠다면 나침반이 필요합니다. 방향을 제시해줄 전문가의 나침반을 찾으십시오.

자나 깨나 입조심
닫힌 귀도 다시 닫자

15주간 진행되는 교육을 진행하면서 5주가 지나고부터 연속으로 결석하는 공OO 교육생이 있었습니다. 빠진 6주 때에는 대부분 관심 없이 그냥 넘어갔습니다. 7주, 8주가 지나면서 수업에 오시는 교육생 분들의 대화에 공OO 교육생이 거론되기 시작했습니다. 대화의 내용은 다음과 같습니다.

"안 오네."

"바쁜가 보다."

"이제 안 올 건가 보다."

"그래 좀 적극적으로 보이진 않더라."

"사람이 끝까지 하는 게 쉽지가 않지."

결국 대화의 끝은 공OO 교육생은 교육에 더 이상 나오지 않을 것이며 끈기가 부족한 사람이라고 결론이 났습니다. 그런데 11주차 되는 날 공OO 교육생이 교육장 문을 열며 아주 반가운 얼굴로 들어오는 것입니다. 교육장에 먼저 도착해 있던 교육생들은 놀라면서도 공OO 교육생을 쳐다보고 있었습니다. 들어오자마자 공OO 교육생의 말은 다음과 같습니다.

"지금까지 중국에 출장 가 있었다."

"장염이 걸리고 바빠서 연락할 겨를이 없었다."

"다음 주 또 중국 출장이다."

"그래도 이 교육에 빠질 생각 전혀 없다."

실제 공OO 교육생이 왜 수업에 결석했는지 아무도 직접 전화를 걸어 사실을 확인한 사람은 없었습니다. 그냥 각자의 생각과 느낌이 정답인 것처럼 말을 하며 대화를 나누고 그 말이 결론이 되어버린 상황으로 공OO 교육생의 이미지는 적극적이지 못하고 결국에 수업에 빠질 사람으로 굳어가고 있었던 것입니다.

우리는 답을 가진 당사자와 직접 나눈 대화를 통해 사실과 정확한 답을 이해하고 결론을 지을 필요가 있습니다. 타인과의 대화에 답을 가지고 있는 당사자가 빠진 대화가 종종 있습니다. 그 대화의 특징은 당사자가 말한 적도 없는 다른 답과 말들로 또 다른 결론이 만들어져있다는 것입니다. 진실을 모르는 말을 함부로 나누는 것도 문제입니다만, 듣는 사람도 확인되지 않은 말에 현혹되어서는 안 됩니다. 말은 듣되 확인된 바 없는 말이라면 그것을 진실로 받아들이며 들어서는 안 됩니다. 확인된 바 없는 상대방의 말에 무조건 공감하는 반응은 관계에 위협적일 수 있습니다. 진실이 빠진 말과 답은 또 다른 오해를 낳게 하고, 좋았던 관계마저 어긋나게 만드는 악한 힘을 실어주게 됩니다. 그래서 우리는 근거 없는 말을 함부로 해서는 안 됩니다. 자나 깨나 입조심을 해야 하고,

팔랑귀가 되어 근거 없는 남의 말에 쉽게 현혹되지 않도록
귀를 때로는 닫아야 합니다.

내가 만드는 나 다짐하기
나 존재감 인정하기
나 사랑하기
나는 나의 주인
나만의 향기 풍기기
나누는 행복
관심 존중하기
포스트모던한 소통
역린지화
그 인간과 소통하기
신뢰에 대한 보답
말하는 대로
후회 없이 즐기며 살기
아름답게 마무리할 줄 아는 사
람

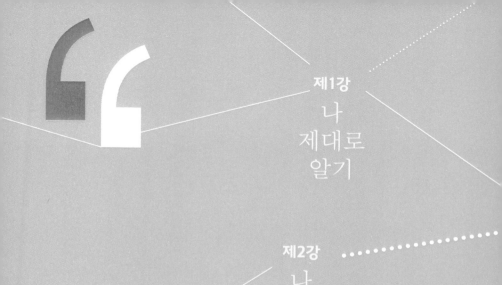

내가 만드는
나 다짐하기

세상 어떤 어려운 장벽이 생겨도 절대 물러서거나 돌아가지 않을 것입니다. 비겁하게 피하지도 않을 것입니다. 나는 나에게 정정당당하고 떳떳한 사람입니다.

회피라는 단어는 나에게 어울리지 않습니다. 변명과 핑계로 피하기보다는 아파도 부딪쳐가면서 어제보다 오늘, 오늘보다 내일 더 단단한 내가 만들어지고 있습니다.

나는 나를 믿습니다. 오늘의 내 모습은 과거 내 자신이 만들어 놓은, 즉 과거 기준 미래의 결과입니다. 오늘 내가 만들고 있는 내 모습은 내일 또 다른 내 모습이 되어 있을 것입니다. 생각의 주체, 선택의 주체는 나 자신일 것입니다.

현명한 판단의 주체 역시 나 자신이 될 것입니다. 생각에 떳떳하고, 선택에 신중하고. 행동에 과감한 사람이 될 것입니다.

타인에게 휘둘리지 않을 것입니다. 쉽게 아파하지 않을 것입니다. 비판에 아파하거나 칭찬에 거만해지지 않을 것입니다. 또한 내가 만들어 나갈 것입니다. 나는 내가 참 괜찮은 사람이라고 생각합니다.

왜냐하면 나는 스스로 이 모든 것을 잘 해낼 것이라 믿기 때문입니다.

나 존재감
인정하기

　　때와 장소에 맞춰 행동과 말투로 이미지 관리를 합니다. 그러나 있는 그대로의 나라는 존재감도 존중받아야 합니다. 우리는 늘 사회에서 요구하는 모습으로만 살아가다 보니 자신을 잊어가고 있습니다.

　　자신의 생각과 행동을 좋아하고 선호하는 사람들도 있습니다. 그럼에도 불구하고 우리는 자신의 모습을 싫어하는 사람들에게 더 신경을 쓰며 자신을 숨기며 스트레스를 받고 있습니다. 하지만 이 세상 모든 사람들은 내 편이 될 수 없습니다.

자신에게도 싫은 사람이 있을 겁니다. 타인이 나의 어떤 점이 싫다면 어쩔 수 없는 겁니다. 나를 좋아해주며 사랑해주는 사람들에게 에너지를 쏟아야 합니다. 그러면 그들은 더욱 당신을 사랑해주고 좋아해줄 겁니다.

그리고 자신을 있는 그대로 이해해주는 사람과 적극 소통하는 겁니다. 나를 싫어하는 사람을 마음 돌리려 너무 애쓰지 마십시오. 그렇게 애쓰지 않아도 우린 당신이 괜찮은 사람이란 걸 충분히 알고 있습니다.

나
사랑하기

당신은 자신을 얼마나 사랑하고 있습니까? 이런 생각을 할 겨를도 없이 하루하루가 살기 힘들어 자신을 미워하고 있지는 않는지요? 세상에서 가장 가치 있는 존재는 나 자신입니다.

사람은 고통과 시련을 딛고 일어나기 위해 존재한다고 합니다. 순간순간 자신의 역량이 한계에 도달하더라도 자신을 원망하지 말아야 합니다. 원망은 절망을 가져오고 그것이 심하면 목숨을 포기하는 데에 이르기도 합니다. 행복한 삶은 고통과 시련을 겪고 난 후에야 이룰 수 있고 새로운 희망이 열린다고 합니다.

나 자신의 소중함과 내 삶의 소중함을 높이기 위해서 스스로 자기 자신을 지켜주며 사랑해주어야 합니다. 진정으로 자신을 사랑하는 사람은 우선 자신을 기쁘게 하며 타인에게도 긍정의 요소를 전달하게 됩니다. 다시 말해 자신을 먼저 사랑하는 것이 나 자신을 행복하게 해주고, 인생의 주인으로 만들어줄 뿐 아니라, 다른 사람에게 유익을 끼칠 수 있습니다. 이럴 때 진정한 소통이 가능합니다.

나는
나의 주인

　임제 선사가 말한 '隨處作主(수처작주) 立處皆眞(입처개진)'이란 말은 '그 어디에서든 주인이 되면 그곳에서 참된 진리를 깨달을 수 있다.'라는 뜻입니다. 언제 어느 곳에서든 늘 진실하고 주체적이며 창의적인 주인공으로 살아가면 그 자리가 최고로 행복한 세계라는 가르침입니다.

　수처隨處란 조건과 상황에 따라 달라지는 환경이고 삶터이며, 작주作主란 인생의 주인공이 되어 주체적으로 살아가라는 뜻입니다. 자신이 언제 어디에서건 주인의식을 갖고 바르고 성실하게 살면 그곳에서 참된 행복과 성공을 이룰 수 있습니다. '모든 일은 먼 데 있는 것이 아니라, 내가 서 있는 이 자리에서 모든 것이 풀어진다!', '성공이란 파랑새는 이미 내 안에 있다.'는 의미입니다.

임제 선사의 '隨處作主(수처작주) 立處皆眞(입처개진)'을 다른 시각으로 풀어보면, '오늘 하는 일이 잘 된다고 해서 내일도 잘 되란 법은 없다.'라고도 할 수 있습니다. 성공이라고 믿는 것이 어느 순간 실패의 나락으로 떨어질 수 있습니다. 성공이란 우리의 삶이 끝나기 전에는 모릅니다. 그러므로 언제, 어디서든 그 자리에서 최선을 다하는 것이 중요합니다.

나만의
향기 풍기기

사람들은 누구나 자신이 좋아하는 사람과 자주 어울리게 됩니다. 좋아하는 사람을 너무 가까이서 자주 마주치다 보면 그 사람에 대해 느낀 호감으로 그 사람의 실체를 흐리게 만들기 쉽습니다. 아무리 좋은 사이도 늘 함께 어울려 지내다 보면 무뎌지고 평범해질 수밖에 없다는 말입니다.

사람과 사람 사이는 그리움과 아쉬움이 받쳐 주어야 기대와 설렘을 지속할 수 있습니다. 하루에도 몇 번씩 전화를 걸고 자주 함께 만나다보면 사람과 사람 사이에 그리움과 아쉬움이 쌓이질 않습니다.

습관적인 만남은 진정한 만남이 아닙니다. 그것은 출근길 지하철역에서 스치고 지나가는 사람들과 다를 바 없습니다. 좋은 만남에는 그리움과 아쉬움의 향기로운 여운이 맴돌아야 합니다. 그 향기로운 여운으로 인해서 멀리 떨어져 있어도 함께 공존할 수 있습니다.

사람이 향기로운 여운을 지니려면 자신에게 주어진 시간을 아무런 가치 없는 일에 낭비해서는 안 됩니다. 자기계발의 노력을 기울여 쉬지 않고 자신의 삶을 하루하루 가꾸어 나가야 합니다. 그래야 누군가와 만날 때마다 새로운 향기를 주고받을 수 있습니다.

사람이든 사물이든 모든 것에는 바라보는 기쁨이 따라야 합니다. 너무 가까이도, 멀리도 아닌 적당한 거리에서 바라보는 은은한 기쁨이 따라야 합니다.

나누는
행복

　사람들에게 있어서 자신의 삶이란 영화 속 파란만장한 주인공과 같습니다. 그 중에는 잘 살아가고 있는 것처럼 보이는 사람도 있으며, 살아가는 게 힘들어 보이는 사람도 많습니다. 행복하게 살아가는 사람도 있습니다. 행복한 사람들의 특징을 보면 스스로 "나는 행복해!"라고 생각하며 삶을 살아갑니다. 또한 많은 사람들이 "저 사람은 행복해 보여!"라고 인정해 줍니다. 맛있는 것을 먹을 때나 칭찬받을 때, 갖고 싶은 물건을 손에 넣었을 때에 행복함을 느끼는 것은 사람에 따라 다릅니다.

그런데 서로 도우면 몇 배나 되는 '행복'이 탄생하게 된다고 합니다. 스탠퍼드 대학 교수이자 사회심리학자인 제니퍼 아커 교수와 멜라니 러드 휴스턴대학 부교수, 마이클 노튼 하버드 대학 부교수 등이 함께 최근 발표한 실험으로, 〈사회심리학저널(JESP)〉에 실린 논문의 결론에 보면 "자신에게서만 끝나는 행복도 좋지만 사람들을 위해 좋은 행동을 하는 것이 가장 큰 행복감을 초래한다."고 밝혔습니다.

우리는 혼자서 살아가고 있지 않습니다. 서로 나누고 서로 돕고 살아가며 그 속에서 행복감을 경험합니다. 얼어붙은 마음을 녹여줄 작은 배려와 나눔의 실천이 행복감을 증가시키고 그 행복감은 자신에게 또 하나의 동기부여가 될 수 있다는 것을 기억하고 실천해야 합니다.

관심
존중하기

먼저 자신이 무엇을 좋아하고 무엇을 원하는지 관심을 가지고 아셨다면, 그 다음은 타인에 대해 관심을 가져야 소통이 가능합니다. 무엇을 좋아하고, 무엇을 하고 싶어 하는지, 일하는 스타일 등에 대해 파악하고 대화를 나눈다면 원만한 대화로 소통이 가능합니다.

그런데 타인에게 관심을 가지면서 더욱 신경 써야 할 것이 있습니다. 그것은 관심 분야가 나와 다를 수 있다는 것을 받아들이는 것입니다. 먹는 취향, 일하는 스타일, 생각 등이 나와 다를 수 있다는 것을 받아들이고 대화를 나눌 때 소통이 가능합니다.

회식에서 맥주를 선호하고 마시는 동료를 꼭 그냥 못 지나치는 상사가 있습니다. 자신이 선호하는 소주를 강요하며 억지로 마시게 합니다. 상사가 주는 술이니 못 마시는 소주일지라도 억지로 마시겠지만 그 소주의 쓴 맛만큼이나 상사를 부정하게 됩니다. 상대방이 선호하는 것을 알면서도 무시하고 자신의 의견을 주장하고 자신의 기준대로 움직여주길 바라는 이기심은 관계를 망치게 됩니다. 또한 자기만의 생각을 진리처럼 일반화시켜 다른 사람에게 강요하면서, 마치 자신이 소통의 달인인 듯 떠드는 사람을 볼 때마다 안타깝기까지 합니다. 이것은 소통된다고 할 수 없습니다. 상대방의 관심사에 존중하고 표현해줄 때 우리의 관계는 아름다워집니다.

포스트모던한
소통

사람은 나와 상대방이 서로 다를 수밖에 없다는 사실을 인식하지 못하기 때문에 상대방과 충돌하며 살아갑니다. 상대방으로 인해 화가 나거나 실망하는 것은 대개의 경우 서로 다를 수 있다는 사실을 이해하지 못했기 때문입니다.

사람은 자신의 생각이 곧 상대방의 생각과 같을 것이라는 오해를 합니다. 또 상대방이 자신의 마음을 이해하기 바라기 때문에 그렇지 못할 때 화가 나고 실망합니다. 상대가 만일 나를 사랑한다면 당연히 자신이 누군가를 사랑할 때 행동하고 반응하는 것과 똑같은 방식으로 행동하기를 원합니다. 이런 자기 위주의 생각 때문에 실망감과 배신감을 주거나 받게 됩니다. 이런 마음은 늘 상대로 하여금 실망을 거듭하게 되고, 서로의 차이점에 대해서 이야기해 볼 수 있는 시간을 가질 수조차도 없게 합니다. 서로의 차이에 대한 올바른 인식이 없을 때 상대방이 나와 같은 방식으로 생각하고 대화하고 행동하리라는 잘못된 기대를 갖게 됩니다. 마찬가지로 상대는 자신이 상대와 같은 방식으로 느끼고 반응할 거라는 오해를 합니다.

인간은 상대방이 서로 다르기 마련이라는 사실을 망각하고 있습니다. 그 결과 인간관계는 늘 불필요한 갈등과 마찰로 가득 차게 됩니다. 하지만 서로에 대한 차이를 명확하게 인식한다면 타인과의 인간관계에서 혼란을 줄일 수 있습니다. 차이를 인정한다는 포스트모던함을 받아들여야 소통은 가능합니다.

역린지화 逆鱗之禍

 사람들은 제각기 나름대로의 약점을 가지고 있습니다. 그 약점을 누군가가 건들면 큰 화를 입게 될 수 있습니다. 이 뜻을 가진 고사성어가 逆鱗之禍(역린지화)입니다. 춘추전국시대의 고전 한비자의 '세난說難' 편에 나오는 이야기로 한문으로 표기된 한자어는 '거스를 역(逆)', '비늘 린(鱗)', '갈 지(之)', '재앙 화(禍)'란 뜻입니다.

 이 뜻을 풀이하면 상상의 동물인 용의 목 줄기 아래에는 거꾸로 난 비늘이 있는데, 그 비늘을 역린이라고 합니다. 용이라는 동물을 누군가 와서 잘 길들이면 온순해져서 누구든지 그 등에 탈 수 있지만 용의 역린을 건드리는 순간 죽음을 면치 못한다는 뜻입니다. 역린은 약점을 의미합니다.

용에게도 사람에게도 역린이라는 약점이나 열등감 콤플렉스가 있습니다. 친한 사이라도 상대방의 숨기고픈 약점을 건들거나 떠들어 대면 수치심을 넘어서 분노를 느낍니다. 결국 서로 간의 소통은 없어지고 화를 입게 됩니다. 남편, 아내, 자식이 싫어하는 말은 삼가야 합니다. 상사와 부하 사이에서도 서로가 싫어하는 말을 하지 말아야 합니다. 타인과 좋은 관계를 유지하려면 상대방의 민감한 부분을 헤아리고 건들지 말아야 합니다.

그 인간과
소통하기

전국으로 많은 일터를 다니며 강의하고 있습니다. 일터, 즉 조직으로 형성되어 있는 곳, 인간관계가 형성되어 있는 곳에는 공통점이 있었습니다. 그것은 바로 모든 곳에는 '그 인간'이 존재한다는 것입니다. 그 인간의 특징은 이러합니다.

첫 번째, 사사건건 간섭하며 피곤하게 합니다.
두 번째, 그 인간 주위 동료들이 아주 힘들어합니다.

세 번째, 그 인간은 자신이 그 인간이라는 사실을 모릅니다.

이 글을 읽는 순간 '내가 아는 그 인간하고 비슷하네.'라고 생각하실 겁니다. 사람들은 일터에서 '그 인간이 없었으면 좋겠다.'는 바람을 가집니다. 그런데 그 인간의 특징이 또 하나 있습니다.

네 번째, 절대 그만두지 않습니다.

그래서 일터에서 동료들은 아주 큰 스트레스를 받으며 일하고 있습니다. 볼 때마다 스트레스를 받고 감정이 나빠집니다.
그런데 억울하지 않으세요? 자신의 감정인데 타인에 의해 자신의 감정이 나빠진다는 것! 자신의 감정은 자신이 지키는 것입니다. 어떻게 하면 될까요? 바로 그 인간을 인정하는 것입니다.

"저 사람 또 왜 저래?"
"왜 저렇게 말하는 거야?"

"나는 안 그러는데 저 사람은 왜 저래?"

이렇게 생각하는 것은 자신의 감정 관리에 도움을 주지 못하고 오히려 방해를 합니다.

"아! 저 사람은 원래 저래!"
"원래 저렇게 말을 해!"
"나랑 다르네!"
"또 시작하는구나!"

이렇게 생각하는 겁니다. 이것이 바로 인정합니다. 그러면 감정 관리에도 도움이 됩니다.

차이점을 간파하셨나요? 그렇습니다. 물음표와 느낌표의 차이입니다. 상대에게 물음표를 던져보지만 답이 나오지 않으니 오히려 더욱 화가 나고 분노하게 됩니다. 이것을 느낌표로 바꾸니 감정은 받아들이며 평온해집니다. 소통은 상대방을 바꾸려고 하는 순간 불통이 됩니다. 상대방을 이렇게 인정하면 그 관계는 좁혀질 수 있습니다.

이처럼 우리에겐 그 인간이 있습니다만, 나 자신도 어쩌면 누군가에게 그 인간일 수 있다는 것 또한 기억해야 하겠습니다. 늘 자신만 옳고 상대방은 틀렸다는 생각은 그 인간으로 가는 지름길입니다. 누군가에겐 나도 불편한 존재일 수 있다고 생각하며 셀프 소통을 통해 타인과의 소통을 이끌어 나가야 합니다.

신뢰에 대한
보답

세상에는 거짓말이 헤아릴 수 없이 많습니다. 사람을 너무 깊이 믿으면 위험에 처하게 되는 경우 역시 많습니다. 시대가 지나도 인류 역사에서 거짓말에 대한 태도는 변함이 없습니다. 거짓말에 대한 문제는 결국 들통이 나게 되어 있다는 점입니다. 신뢰에 대한 보답으로 가식과 거짓으로 행동한다면 위험에 처하게 됩니다.

사람을 100% 신뢰할 수 있는 좋은 시대가 올 것이라고 믿고 싶지만, 아직은 사회가 그렇게 이야기할 수 있는 데까지는 오지 못했습니다. 사회가 점점 정직과 신뢰를 요구하는 쪽으로 변해가고 있다는 사실만은 틀림없습니다.

'너'와 '나'가 아닌 '우리'라는 말이 있는 것처럼, 서로를 신뢰한다면 모든 일에서 효과적인 가치를 이끌어낼 수 있습니다. 아무래도 사람은 신뢰에 보답하려는 성향을 가진 존재인 듯합니다.

만약 상대방을 신뢰해주지 않으면 상대방 역시 같은 반응을 보입니다. 사람을 신뢰하는 것을 실행에 옮긴다면 상대방의 자세도 크게 바뀝니다. 이것은 서로에 대한 신뢰를 얻게 합니다. 이런 신뢰 관계가 소통을 만들어 가는 것을 기억해야합니다.

말하는
대로

살아가면서 이런 말을 하는 사람들이 있습니다.

"내가 이렇게 살려고 했던 게 아닌데, 난 왜 이러고 살고 있지……?"

자신이 원했던 삶, 행복은 이게 아니었고 따로 있었다고 말합니다. 그런데 삶은 자꾸 말하는 대로 그렇게 원치 않는 삶을 살아가고 있습니다. 그렇다면 말하는 대로의 삶! 나의 삶은 '건강하고, 행복하고, 하고 싶은 것을 하며, 갖고 싶은 것을 가질 수 있는 삶! 이것이 바로 내가 원하는 삶이다고 말할 수 있게 과감히 시작하는 것입니다.

말하지 않고 시작하지 않으면 지금 삶은 크게 달라지지 않습니다. 하지만 말하는 대로 이루어지기 위해서는 말하고 시작하면 됩니다. 그럼 자신의 삶은 생활 패턴이 되었던, 생각이 되었던, 모습이 되었던, 분명 과거와는 달리 바뀌어 있을 겁니다.

자꾸 주저앉아 신세 한탄만 하지 말고, 이제는 진짜 자신이 원하는 것을 말하면 됩니다. 지금부터 일어나서 실천하시면 됩니다. 말하는 대로!

후회 없이
즐기며 살기

슬퍼만하고 있거나, 청승 떨고 있거나, 참고 있다고 해서 그 것을 알아주는 사람은 없습니다. 자살하는 사람 중에는 자신이 죽으면 세상이 놀랄 것이라고 생각하는 이들도 있습니다. 자살은 일종의 복수하는 마음이 담겨 있기도 합니다. 그러나 유명한 사람이 죽더라도 그 죽음과 상관없이 여전히 세상은 잘 돌아갑니다.

역사는 시간 위에서 계속되고 있습니다. 유명한 사람이든 평범한 사람이든, 그 삶은 모두 소중합니다. 그러므로 모든 삶의 현재를 소중하게 생각해야 합니다. 오늘 하루도 아주 소중한 자신만의 시간입니다.

미국의 시인 존 그린리프 휘티어는 인간이 쓰는 언어 중 가장 슬픈 말은 "아, 그때 해볼걸!"이라고 했습니다. 어떤 일이든 해보지 않고서는 결과도 정확히 알 수 없습니다. 생각으로만 머물면 늘 아쉬움과 미련에 삶이 즐겁지 않습니다. 지금 생각만 드는 그 무언가가 있다면 과감하게 도전하십시오. 시간을 헛되게 보내지 마십시오. 죽음을 맞이할 때 자신이 초라해지게 만들지 마십시오.

아주 쿨 하게 인생을 살아가는 지인이 했던 말이 생각납니다. 그녀는 "젊어서 고생하면 늙어서 골병 든다. 하루하루 즐겁게 즐기며 살자!"고 저에게 말한 적이 있었습니다. 참 오랫동안 귀에 맴돈 말이었습니다. 어제를 생각하면 아쉬움이 없는 스스로가 생각해도 멋지다 인정할 수 있는 행복한 삶 그 삶의 시작이 바로 오늘 지금입니다.

아름답게
마무리할 줄
아는 사람

법정 스님의 『아름다운 마무리』에 이런 구절이 있습니다.

아름다운 마무리는 삶에 대해 감사하게 여긴다. 내가 걸어온 길 말고는 나에게 다른 길이 없었음을 깨닫고 그 길이 나를 성장시켜 주었음을 긍정한다. 자신에게 일어난 일들과 모든 과정의 의미를 이해하고 나에게 성장의 기회를 준 삶에 대해, 이 존재 계에 대해 감사하는 것이 아름다운 마무리다.

　사람은 누구나 신념과 목표가 있고 그 신념과 목표를 위해 숨겨왔던 욕망의 날카로운 발톱을 드러내며 자기 합리화를 시키며 살아갑니다. 법정 스님의 말씀처럼 인생의 목표와 성공이라는 신념에 휩싸여 정작 중요한 마음의 자세가 둔탁하게 변질된 것은 아닌지 스스로를 돌아볼 필요가 있습니다.

　인생은 정말 짧지만 사는 날은 길어 보입니다. 순식간에 하루가 지나가고 그 쌓인 날들이 한 달이 되고 일 년이 됩니다. 그렇지만 너무 멀다는 생각에 너무 많은 짐을 지고 욕심을 내어 살려고 합니다. 성취만을 위한 성공지향적인 삶이 주는 기대감은 스트레스로 올 수 있습니다.

　가끔 자신이 달려가는 목적의 이유를 정확하게 성찰하지 않으면 우리는 정상에서 좌절할 것입니다. 빈손으로 간다는 사실을 우리는 알면서도 의미를 부여하지 않은 삶 때문에 그 끝은 후회를 만나게 되는 것입니다. 일에 있어서, 어떤 일에 있어서 아름답게 잘 마무리가 되었는지, 인간관계에 있어서 아름답게 잘 마무리가 되었는지 돌아볼 필요가 있습니다. 지금까지 자신의 소통에 대해 스스로 점검하며 진정한 소통을 위해 지혜롭게 변화하는 것입니다.